문화철학과 자율성

[권 수 현 지음]

철학과현실사

머리말

초록색과 빨간색. 지금도 독일을 생각하면 떠오르는 두 가지 색깔이다. 대학을 갓 졸업하고 처음 독일에 도착했을 때가 오월이었다. 프랑크푸르트 공항에서 대학 도시 마르부르크까지 기차를 타고 가는 한 시간 내내 차창 밖의 풍경은 온통 초록이었다. 푸른 들판을 바라보며 물설고 낯선 타지에서 조금의 안정을 찾았다. 며칠 후 시내에서 흰 치마와 샌들에 발목 위로 한참을 끌어올린 빨간 양말을 신은, 생김새 멀쩡한 젊은 여자를 보았다. 누군가

지금 이 글을 읽으며 약간은 파격적이면서도 세련된 패션을 상상한다면 번지수를 잘못 짚었다고 말하고 싶다. 그건 마치 양복에 흰 면양말(마이클 잭슨을 떠올리지 말자)을 신은 것과도 같았다. 좀더 심하게 말하자면 청바지 위에 빨간색 팬티를 걸친 것처럼(슈퍼맨을 생각하지 말자) 정말 무신경한 옷차림이었다. 그런데 순간의 기막힘이 지나가고 나자 일말의 자유로움이 느껴졌다. 이제 여기서 옷차림에 별 신경 쓸 필요 없겠구나. 옷장에 있는 대로, 입고 싶은 대로 입어도 되겠구나. 어쩌면 조금은 생각하고 싶은 대로 생각하고 살고 싶은 대로 살 수도 있겠구나.

그런데 언제부터인가 마르부르크 사람들의 옷차림이 변화해가기 시작했다. 눈에 띄게 세련되어가고 정형화되어가는 것을 피부로 느낄 수 있었다. 나는 지금도 이 변화가 집집마다 케이블이 들어오고 사람들이 텔레비전으로 미국의 시트콤을 즐기게 된 것과 모종의 관계가 있다고 믿고 있다. 「섹스 앤 더 시티」나 「앨리 맥빌」, 「프렌즈」 등을 보면서 청소년들은 소위 뉴욕 스타일을 흉내 내기 시작하였다. 사람들에게 편하게 옷을 입을 자유가 줄어드는 만큼 사고 방식도 경직되는 듯이 보였다. 이를 보며

나는 매스미디어 지배가 이 시대의 가장 강력한 권력이라고 생각하게 되었다.

누구에게나 그렇듯이 나에게도 청소년기, 질풍노도의 시기에 세상은 넓고 아는 것은 적었다. 그때는 이 세상 어딘가에 '진리의 성배'가 존재하며 그것만 손에 넣는다면 진리가 나를 자유롭게 하리라 생각했다. 그 후 철학을 공부하며 많은 학문적 좌절을 겪었지만 기쁨의 순간들도 있었다. 블리츠백 철학연구소에서 '방법론적 행위론'을 공부하며 인간에게 절대적인 진리란 없다는 사실을 확신하게 되었을 때도 그런 순간이었다. 이 세상에 인간의 삶과 행위에서 독립하여 존재하는 진리의 성배란 없으며, 우리는 우리가 만들어낸 상징의 세계에서 살아가고 있다는 것. 우리는 전통이나 관습 또는 법률 등의 이름으로 이 상징의 세계에 실체성을 부여하고 있다는 것. 우리가 문화적 상징의 지평에서 세계를 구성하고 있다는 것을 알게 되면서, 우리들 삶의 주인이 바로 우리라는 사실을 새로이 깨닫게 되었다. 이와 더불어 인간의 진리와 자유가 절대적인 것도 그렇다고 거짓이나 환상만도 아님을 알게 되었고 얼마나 부서지기 쉬운지, 얼마나 조심스럽게 건설하고 지켜나가야 하는지를 절감하게 되었다.

영화 「매트릭스」에서 주인공 '네오'는 기계화된 누에고치에 갇혀 1990년의 미국이라는 가상 현실에서 살아가며 기계들에게 생물학적 전기와 에너지를 착취당한다. 애덤 로버츠에 의하면, "'매트릭스'는 자본주의 사회에서 이데올로기를 은유한다. 매트릭스, 곧 이데올로기는 단순히 실재에 대한 잘못된 신념이나 인식을 의미하지 않는다. 그것은 실재 그 자체로서 사람들의 사고와 행동 방식을 결정하고 조건짓는다. 매트릭스라는 개념에 부분적인 쟁점을 제기하는 것은 아무 효과가 없다. 필요한 것은 전체 체계가 억압을 인식하지 못하도록 작동하는 방식을 전면적으로 이해하는 것, 즉 총체적 전망이다." 이러한 총체적 전망 아래에서 문화철학은 철학적 통찰을 현실에서 구체화시키려는 노력으로 이해된다.

그람시는 문화 자본의 '합병'과 문화 대중의 '저항'이 만나서 이루는 '타협적 평형'에 대해 이야기했다. 나는 이 글을 쓰며, 타협적 평형의 지점에서 어떻게 인간의 진리와 자유를 구성할 공간을 확보할 수 있을 것인가를 고민하고 싶었다. 그러나 글을 다 쓰고 난 지금, 고민을 제대로 시작도 해보지 못한 것이 못내 부끄럽기만 하다. 이 글을 문화와 자율성에 대한 고민을 위한 준비 작업으로 이해하고 싶다.

끝으로 부족한 글을 출판해주신 <철학과현실사>에 감사드린다.

2008년 3월

권 수 현

문화철학과 자율성

차 례

제1장
스타는 신의 작품인가 프로듀서의 작품인가?

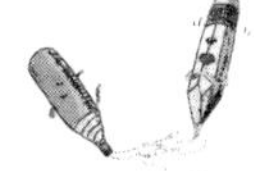

마릴린 먼로냐 그레이스 켈리냐? 쉽지 않은 질문이다. 1950년대 할리우드를 풍미했던 이 두 스타의 강력한 매력을 아직도 많은 사람들이 잊지 못하고 있다. 입은 반쯤 벌리고 눈을 슬며시 감은 채 몽환적으로 웃고 있는 먼로의 모습에 사로잡힌 많은 사람들이 아직도 그녀를 기억하고 있다. 과감한 노출과 달라붙는 의상으로 육감적인 몸매를 드러낸 그녀가 허리를 좌우로 흔들면서 볼륨 있게 걸어갈 때, 그녀는 섹스 심벌이라 불리기에 한 치의 모자람도 없어보인다.

이와는 대조적으로 머리카락 한 올 흐트러지지 않은

채, 단정한 드레스와 흰 실크 장갑 차림으로 절제된 미소를 짓고 있는 그레이스 켈리의 우아한 모습도 치명적인 매력으로 다가오기는 마찬가지다. 그녀는 숙녀라는 단어를 저절로 떠올리게 만든다. 차갑고 이지적인 그녀의 단아한 아름다움은 어느새 그녀를 경탄하며 찬미하게 만든다. 정말이지 이 둘 중 어느 하나를 단순히 우위에 놓는 것은 생각만큼 간단하지 않다. 마릴린 먼로가 내뿜는 뜨거운 매력도 그렇지만 그레이스 켈리가 자아내는 팽팽한 긴장감이 감도는 차가운 매력도 결코 이에 못지않다.

『스타』의 저자 에드가 모랭에 따르면, 신인은 자신의 몸매를 보여주지만 스타는 자신의 영혼을 보여준다.[1)] 이를 먼로나 켈리 두 스타의 경우에 되새겨보면 이들에게는 단순히 얼굴이나 몸매가 예쁘다거나 연기를 썩 잘한다거나 하는 일반적인 차원을 넘어서서 특별한 무엇이 있음을 알 수 있다. 무엇보다도 이들의 모습이나 연기가 그때그때의 상황마다 다양하고 변화무쌍할지라도, 이를 일관되게 관통하고 있는 하나의 이미지가 있다. 이들은 자신만의 독특한 이미지를 사람들에게 보여줄 수 있었으며 이를 사람들에게 각인시킬 수 있었다. 이러한 이미지

---

1) 에드가 모랭, 『스타 — 스타를 통해 본 대중문화론』, 81쪽.

를 통해 이들은 고만고만하게 예쁘고 그저 그렇게 연기 잘하는 다른 많은 배우들을 제치고 영화계의 별로 우뚝 설 수 있었다.

이들이 영혼을 보여주는 스타로 남을 수 있었던 이유는 무엇보다도 이들이 일관된 메시지를 담고 있는 하나의 선명한 이미지로 대중들에게 다가가는 데 성공했기 때문이다. 사람들이 이 두 스타에게서 볼 수 있었던 영혼이란 바로 일관된 이미지와 이 이미지에서 발산되는 매력이었다. 그레이스 켈리가 이상적인 동반자로서 인생을 함께 하고픈 아름답고 정숙한 여인상의 이미지를 지녔다면, 마릴린 먼로의 이미지는 매혹적인 정부로서 삶의 쾌락을 일깨워줄 달콤하고 섹시한 여인상이었다.[2)]

흔히 스타의 매력에 빠지게 되면 스크린에 비쳐진 스타의 모습과 배역에 함께 울고 웃으며 스타에게 애착을 느끼게 된다. 그 매력에 한층 더 깊게 빠져들게 되면 스타의 옷차림, 말투와 행동거지 등을 따라하기도 하고 스타를 좀더 가까이에서 경험하길 원하기도 한다. 나아가서 스타가 연출해내는 이미지의 세계에 완전히 몰입하게 되는 경우, 이미지를 현실에 이어가기 바라면서 현실 세

2) 토마스 해리스, 「스타 만들기 : 그레이스 켈리와 마릴린 먼로」, 380쪽.

계 자체를 가상의 이미지에 따라 구성하기도 한다. 이러한 일련의 현상 속에서 스타와 스타에 열광하는 대중의 관계는 단순히 "영화를 본다"거나 "음악을 듣는다"는 여가 시간의 유흥을 즐기는 차원을 넘어서서 스타의 이미지를 적극적으로 소비하는 경제적 단계에 놓인다. 사람들은 자신이 좋아하는 스타가 출연하는 영화를 보고 스타가 이끄는 패션을 좇아가며 스타가 광고하는 기업의 상품을 소비한다. 그리하여 영화의 흥행이 보장되고 엔터테인먼트 산업의 이윤이 안정되며 또한 자본 시장의 기업과 그들 상품의 시장성이 높아진다.

다음은 에드가 모랭의 『스타』에 나오는 한 예다.

"22세, 여성, 의과대학생, 영국인 :

디안나 더빈은 나의 최초이자 유일한 우상이었다. 그녀의 사진, 그녀에 관한 신문 스크랩을 모았으며, 그것들을 앨범에 붙이는 데 몇 시간이고 보냈다. 제아무리 조그만 것이라도 그녀의 사진이 들어 있다면, 두꺼운 비싼 책이라도, 나는 용돈을 모두 털어 샀을 것이다. 나는 그녀를 열애하였는데, 찬탄은 나의 생활에 큰 반향을 일으켰다. 의복도 행동거지도 가능한 한 그녀를 닮으려고 하였다. 새 옷을 사야 할 때는 디안나 더빈의 사진에서 내 마음에 드는 것을 찾았다. 머리도 그녀처럼 손질하였으며, 곤란한 입장에 처하게 되면,

디안나가 내 처지였다면 어떻게 할까를 생각하면서 그녀처럼 행동하였다. 그녀는 어떤 책보다도 나에게 많은 영향을 주었다. 그녀의 영화는 모두 보러갔다. 내가 살고 있는 곳에서 16km 떨어진 도시에서 「스마트한 세 소녀(Three Smart Girls)」가 재상연되었을 때의 일이 생각난다. 그때, 나는 그곳에 가는 것을 간신히 허락받고서, '나의 디안나'(나는 그녀를 그렇게 불렀다)의 모습을 보는 즐거움을 누릴 수 있었다. 그리고 그녀의 레코드는 모두 사서, 닳아 못 쓰게 될 때까지 들었다."[3)]

스타는 그들에게 집중되는 대중의 열광과 이로부터 나오는 인기를 먹고 살기에 이를 절실히 필요로 한다. 이 열광을 끌어내고 이를 유지하기 위해서 그들이 가진 시간과 노력을 아낌없이 바친다. 스타는 아름다운 얼굴, 수려한 몸매, 매혹적인 목소리와 거동, 성적 매력 또는 강렬한 개성과 카리스마 등으로 치장하고 끊임없이 사람들을 유혹한다. 사람들 역시 스타를 요구한다. 아니 스타가 사람들을 필요로 하기 이전에 사람들은 스타를 갈구해왔다. 사람들은 언제나 우상을 원했다. 이를 두고 버나드 쇼는 "야만인은 나무와 돌로 된 우상을 숭배하고, 문명인은 살과 피로 된 우상을 숭배한다"고 말하기도 했다.

3) 에드가 모랭, 『스타 — 스타를 통해 본 대중문화론』, 107쪽.

사람들에게는 누구에게나 많든 적든 자기 자신에게서 도피하고픈, 자신이 처해 있는 현실에서 벗어나고픈 욕망이 있었다. 특별한 재능이나 카리스마를 지닌 인물을 숭배하면서 그 사람과 같아지기를 꿈꾸는 자신의 욕망을 표출한다. 이는 예나 지금이나 가장 손쉬우면서 가장 유혹적인 자기 도피 방식이었다. 자기 도피 방식으로서 우상 숭배는 사람들의 억압된 욕구와 이루어질 수 없는 꿈에 대한 동경으로 인간에게 깊이 내재해 있는 본성과도 같은 것이다.[4)]

이 우상이 고대에는 오디세우스나 헤라클레스 같은 신화적 인물이기도 했으며 알렉산더나 칭기즈칸 같은 역사 속의 전쟁 영웅이기도 했다. 근대에는 다윈이나 마르크스 등과 같은 과학자나 철학자들이 우상으로 등장하기도 했다. 하지만 오늘날의 우상은 뭐니 뭐니 해도 대중문화 스타들이라고 할 수 있다. 사람들이 우상에 대해 갖는 열망은 무명의 신인 배우를 하루아침에 은막의 스타로 만들기도 하고 현재의 스타를 떠오르는 샛별로 가차 없이 대치해버리기도 한다. 스타나 우상은 언제나 있어왔고 앞으로도 있겠지만, 어느 누구도 영원히 그 자리를 지킬

---

4) 게리 스미스, 「스포츠 영웅의 사회학」, 438쪽.

수는 없다. 대중문화의 스타들, 특히 화려하고 피상적인 이미지로 먹고 사는 현대 매스 미디어의 스타들은 그 유통 기한이 짧다. 스타는 제아무리 인기가 하늘 높은 줄 모르고 치솟아 있다 할지라도 영원히 사람들의 관심을 끌 수는 없으며, 사람들의 관심이 사라진 순간 스타도 함께 망각된다. 스타는 매혹적으로 다듬어진 이미지를 통해 사람들에게 다가가고 사람들은 그 이미지를 통해 스타와 만난다. 그래서 이미지가 발산하는 매력이 소진하거나 신선함이 떨어져 더 이상 그 이미지에게서 아무 감흥도 받을 수 없게 되었을 때 사람들은 스타에게서 멀어진다. 이와 함께 스타의 스타성도 같이 사라진다.

이러한 것들은 비교적 우리가 잘 알고 있거나 아니면 어렴풋하게나마 알고 있는 사실들이다. 이에 비해 쉽게 드러나지 않거나, 모른다고는 말 못해도 흔히 간과하기 쉬운 사실이 있다. 그 중 하나는 스타에게 스타성이 없다는 사실이다. 사람들은 스타에게서 스타성이라는 어떤 특별한 내용을 기대한다. 하지만 이런 것은 마치 있는 것처럼 보일 뿐 실재하지 않는다. 『이미지와 환상』이라는 책으로 유명한 역사학자 부어스틴(Daniel Boorstin)의 말을 빌자면, 스타가 유명한 이유는 잘 알려져 있기 때문에 유명한 것이지 특별한 재능을 지녔기 때문에 유명한 것이 아니다.[5] 그러니까 스타란 보통 사람들과 본질적으로 구별되는 어떤 뛰어난 능력이나 자질의 소유자가 아니다. 단지 외모의 사소한 우위를 기반으로 자신을 널리 홍보할 수 있는 약간의 개성적 인물일 뿐이다.

약간의 개성과 매력이 있긴 하나 따지고 보면 사실 평범하기 그지없는 배우나 가수가 전국적으로 또는 세계적으로 통하는 연예 문화의 브랜드가 되는 현상을 '스타덤(Stardom)'이라 한다. 스타덤의 현상은 매스 미디어 문화에서는 일상적이다시피 벌어지고 있다. 그러나 오늘날 일상적이 되어버린 이러한 현상은 분명 일상적이지 않은 특이한 현상이다. 스타덤으로 인해 그들이 벌어들이는 천문학적인 거액의 수입은 평범한 사람들이 평생 만져보지도 못할 돈이다. 반면에 그들의 인격이나 재질은 보통 사람들의 그것과 크게 다를 바 없이 평범하다. 이러한 사실은 우리를 당황스럽게 만든다. 우리와 다를 바 없는 그들에게 열광한다는 사실에 우리는 허탈해지지 않을 수 없기 때문이다.

이러한 기묘한 스타덤과 내용 없는 스타에 대한 열광

---

5) 리처드 다이어, 『사회 현상으로서의 스타 : 스타의 생산과 소비』, 367쪽.

을 연예계라는 제한된 영역만을 통해 답하기란 쉽지 않다. 스타덤이란 현상이 나타나는 원인을 대중문화에 한정하지 않고 기술 문명 시대라는 현대의 일반적 문화 현상에서 찾는 것이 좋을 것이다. 현대의 생활 방식은 인공적으로 구조된 가짜가 현실의 진짜보다 더 진짜처럼 자연스럽게 여겨지도록 만든다. 이미지로 이루어진 환상의 세계가 진짜 현실보다 더 현실적으로 취급되며 실제 현실을 대신한다. 현대인들은 자신들이 만든 가짜의 세계에 깊이 빠져 현실을 도외시한 채 환상의 이미지를 좇으며 불나방처럼 살아간다. 이미지와 더불어 살아가는 방식이 바로 현대인이 살아가는 방식이다.

이러한 현대인들의 이미지와 환상에 대한 사랑은 현대를 사는 인간의 공허함과 연결된다. 공동체 문화가 사라진 현대의 도시 문화 속에서 자신의 정체성을 스스로 찾아나가야 하는 현대인의 삶이 배경에 있다. 도시적 삶에서 익명성의 자유를 대가로 공동체적 삶의 전통적 내용과 익숙한 삶의 안정성을 잃어버린 현대인의 공허가 있다. 자유가 형식으로는 존재해도 내용으로는 부재한 현대의 모든 영역에서처럼 현대의 문화 현상도 많은 부분이 비어 있는 내용으로 채워져 있다. 그처럼 스타덤도 비어 있는 문화 현상 중의 하나다. 그래서 부어스틴은 스타의 스타성을 실제로 존재하지는 않지만 마치 진짜 존재하는 것으로 여기는 가짜 사건(pseudo-event)이라고 말한다.[6]

다시 스타 이야기로 돌아가서, 우리가 흔히 간과하기 쉬운 또 다른 사실이 있다. 스타의 이미지가 그들의 개인적인 매력만으로 만들어지지 않는다는 것이다. 이는 앞서 말한 스타의 허구성과도 연관이 있다. 개성 있는 평범한 한 배우를 스타로 만들어주는 이미지 형성 과정이 있다. 이 과정에는 소위 '스타 시스템'이라 불리는 연예 산업의 체계적 기획이 깊이 개입된다. 스타란 이러한 기획에 의하여 만들어지는 연예 산업의 기획 상품이라 할 수 있다.

스타와 연예 산업은 불가분의 관계로 서로 결합되어 있다. 한편으로 스타는 연예 산업의 기획사나 제작사가 주도하는 스타 시스템에 철저히 의존해 있으며, 다른 한편으로 연예 산업은 그들의 지속적인 이윤 창출을 위하여 스타의 존재를 필요로 한다. 잘 알려져 있다시피 연예 산업은 여타 산업에 비해 부침이 심한 산업이다. 성공하

---

6) 대니얼 J. 부어스틴, 『이미지와 환상』, 224쪽.

면 제작비의 몇 배는 물론이려니와 몇 십 배 심지어는 몇 백 배까지도 이윤을 낼 수 있지만, 실패할 경우 제작비도 건지지 못하는 것이 연예 산업의 실정이다. 연예 산업에서 실패는 결코 드문 일이 아니다.

종종 잘 만들어진 영화 한 편이 가져오는 엄청난 성공은 연예 산업을 과히 황금 알을 낳는 산업이라 부르기에 조금도 손색이 없게 만든다. 예컨대 스필버그 감독의 영화 「쥐라기공원」에서 벌어들인 수익이 우리나라에서 생산된 자동차 150만 대를 수출해서 벌어들인 이윤보다 더 많았으니 이는 두말할 여지가 없겠다.[7] 반면에 연예 산업의 위험 부담 또한 크다. 엄청난 광고비를 쏟아부었음에도 불구하고 실패하는 작품들이 드물지 않다. 일반적으로 제작된 작품의 대다수는 실패를 맛보게 된다. 많은 영화들이 광고비조차 건지지 못하는 수익률에 머무는 일이 다반사다. 제작된 음반 역시 80퍼센트 가량은 제작자에게 손해를 끼치며 10퍼센트 정도가 손익분기섬을 간신히 넘어선다. 그리고 10퍼센트의 음반만이 제대로 이익을 낼 수 있는 정도다.[8] 사정이 이러하다보니 연예 산업

7) 문현병, 『현대 문화와 문화 산업』, 126쪽.

8) 존 스토리, 『문화 연구와 문화 이론』, 23쪽.

에서 가장 주요한 관심사는 어떻게 하면 수익률을 안정화시킬 수 있는가에 맞추어진다. 연예 산업의 사활이 흥행과 판매의 성공을 보장할 수 있는 안정된 시스템을 개발하느냐 못 하느냐에 달려 있다 해도 과언이 아니다.

그런데 대중들이 영화나 음반을 선택할 때 어느 제작사가 만든 작품인가를 따져보고 결정하는 일은 거의 없다. 이보다는 감독의 작품 연출력을 보거나 작품의 스토리나 배우의 연기 같은 것에 유의하여 결정하는 편이 훨씬 많다. 그러나 이러한 것들은 내용이 있긴 하지만 손에 잡히지는 않는 것들이다. 작품의 완성도에 직접 영향을 끼치기는 하지만 겉으로 봐서 알 수 있는 형체를 지닌 것들이 아니다. 이에 비해 스타는 한눈에 알아볼 수 있는 형체를 지녔다. 그러니 관객들이 쉽게 보이지 않는 내용들을 살피기보다는 스타가 등장하느냐 아니냐에 따라 작품의 소비를 결정하는 일이 비일비재하다. 실제 영화를 보지 않고서는 알 수 없는 연출력이나 스토리의 짜임새 또는 연기력 등과 같은 무형적인 것으로 영화를 선택하기보다는 스타라는 유형의 기준에 따라 소비를 결정하는 편이 훨씬 간단하고 안전하다. 스타가 구현하는 이미지는 대중들에게 매혹의 대상이자 동시에 그 이미지를 필요로 하는 특정한 형태의 오락을 상징하기 때문이다. 어떤 스타가 출현하는 영화인지, 어떤 스타가 부르는 노래인지를 아는 것만으로도 그 영화나 노래가 제공할 오락의 종류에 대해서 예상할 수 있으며, 어느 정도 수준의 오락성이 제공될지에 대해서 기대할 수 있게 해준다. 대중에게 스타란 오락성의 지표와 같은 의미를 지닌다.

제작자의 입장에서도 어떤 연출이나 어떤 스토리 또는 어떤 연기를 대중들이 선호할지에 대해 정확히 예측하는 것은 만만치 않은 일이다. 그리고 이러한 내용적인 부분들을 작품 홍보에 직접 이용하기란 쉽지 않은 일이다. 이에 비하여 관객 동원력을 지닌 스타에 대한 대중의 선호는 어렵지 않게 예측할 수 있다. 또한 스타를 통해서 작품의 홍보도 용이하게 이루어진다. 스타란 제작사들에게는 은행이나 자본가로부터 자금을 끌어올 수 있게 해주는 담보며 극장주들이 작품을 홍보할 수 있게 해주는 선전 도구로 쓰인다. 그뿐 아니라 영화를 보러오라고 대중들에게 직접적으로 손짓하는 유형의 자산으로서 그 자체로 제작사들이 소유한 자본 중의 하나다. 그래서 스타란 대중들뿐 아니라 제작자들에게도 작품의 성공과 흥행을 보장해주는 보증 수표와 같은 것이다. 1933년에 위기에 빠진 영화 제작사 파라마운트를 구한 것은 「매 웨스트(Mae West)」의 흥행 성공이었으며, 1937년에 휘청거리던 유니버설을 다시 일어서게 만들었던 것도 스타 더빈(Deanna Durbin)이었다는 사실이 이를 입증하고 있다.[9)]

이렇듯 스타의 역할이 연예 산업의 이윤 창출에서 의미하는 바가 크기 때문에 연예 산업은 스타의 안정적인 공급을 위해 스타 시스템을 조직하고 가동시켜 스타를 체계적으로 만들어내고 있다. 이러한 시스템 아래에서 탄생되는 스타와 그가 구현하는 이미지는 당연히 스타 개인의 아우라에 의해 자연 발생적으로 생성되지 않는다. 기획에 의해 인위적으로 만들어진다. 설사 자연 발생적인 부분이 없잖아 있다 하더라고 이를 순도 높은 특정한 이미지로 증폭시키기 위해서는 기획이 필요불가결하다. 그래서 스타란 연예 산업의 자본 논리에 따라 움직이는 하나의 상품이다. 치밀하게 계획되고 제조된 기획 상품이다.

그러나 이러한 기획 과정이 대중들에게 노출되어서는 안 된다. 인위적인 기획 과정이 그대로 드러날 경우 스타

---

9) 리처드 다이어, 『사회 현상으로서의 스타 : 스타의 생산과 소비』, 364쪽(Alexander Walker, *Stardom, the Hollywood Phenomenon*, p.15).

의 이미지는 생생한 호소력을 잃어버린다. 그러면 대중들로 하여금 스타의 이미지에 매혹되어 이를 상업적으로 소비하도록 만들려는 연예 산업의 목표는 소기의 성과를 거둘 수 없다. 연예 산업은 스타의 완성된 이미지만을 대중들에게 선전하며 그 이미지가 만들어지는 일련의 과정을 드러나지 않도록 지우기 위해 많은 시간과 자본을 투여한다. 이러한 노력은 대중들로 하여금 겉으로 드러난 스타의 이미지가 실제 내용이 없는 공허한 것임을 쉽게 간파하지 못하게 한다. 스타 연구가인 램플의 말처럼, "스타의 조립이야말로 영화 산업에서 기본적인 것"인 만큼 스타의 본질적인 의미는 영화 산업의 상업적 논리에서 찾을 수 있다. 하지만 영화 산업이나 연예 산업은 대중들의 꿈을 먹고 사는 산업인 만큼 이러한 사실이 대중에게 그대로 드러나게 해서는 안 된다.[10)]

"신인 발굴 담당자가 지하철에서 가능성이 있어보이는 얼굴에 강한 인상을 받는다. 가까이 가서 말을 걸고, 사진 테스트를 행하며, 시험 삼아 녹음을 한다. 시험 결과가 좋으면 그 젊은 미녀는 할리우드를 향해 출발한다. 그녀는 곧 계약을

---

10) 리처드 다이어, 『사회 현상으로서의 스타 : 스타의 생산과 소비』, 366-367쪽(Edgar Morin, *The Stars, tr. Richard Howard*, p.134).

맺고서는 마사지사, 미용사, 치과 의사 그리고 경우에 따라서는 외과 의사에 의해 재창조된다. 걷는 법을 배우고 사투리 억양을 없애며, 노래와 춤 그리고 '행동거지'를 배운다. 또 그녀에게 문학과 사상을 가르친다. 할리우드에 와서 신인급으로 떨어진 외국인 스타는 자신의 미모가 바뀌고 다시 꾸며지며 최대한으로 분장된다는 것을 체험하면서 영어를 배운다. 그리고 나서는 테스트의 연속이다. 그녀는 영화에 출연한다 : 총천연색으로 30초간의 클로즈업이다. 새로운 선발이 행해진다. 인정받으면 이차적인 역이 주어진다. 그녀에게 자동차, 개, 물고기, 큰 새장을 골라준다 : 그녀의 개성은 윤색되며 풍부해진다. 편지가 오기를 기다린다. 그렇지만 한 통도 오지 않는다. 일단은 실패다. 그러다 '팬레터부'가 기획자에게, 그 신인이 하루에 300통의 팬레터를 받는다고 알리는 사태가 어느 날 일어날지 모른다. 그러면 그녀를 세상에 내놓기로 결정하고서는 그녀가 주인공인 로맨스를 만든다. 그녀는 화젯거리를 제공한다. 그녀의 사생활은 이미 스포트라이트를 받는다. 마침내 그녀는 대작의 인기 배우의 자리를 차지한다. 신격화된다 : 팬들이 그녀의 망토를 찢는 날이 온다 : 그녀는 스타가 된 것이다."[11]

에드가 모랭이 밝히는 스타 만들기의 과정이다. 미래 스타의 탐지기인 신인 발굴 담당자들에게서 원료를 제공받아 예비 스타를 제조해내고 마침내는 그들 중 일부를

11) 에드가 모랭, 『스타 — 스타를 통해 본 대중문화론』, 77-78쪽.

은막의 스타로 탄생시키는 과정이다.

스타 제조의 공식은 할리우드 영화 산업에서 처음으로 만들어졌다. 할리우드는 약간의 독특한 개성을 지닌 평범한 배우를 화려한 은막의 스타로 거듭나게 하기 위하여 '스테레오 타입화'라는 이미지 메이킹 방식을 사용하였다. 우선 특정 스타일의 이미지를 고안해내고 이 이미지에 적합할 만한 배우를 발굴한다. 그 다음 전형적인 스타 시스템 방식에 따라 이 배우에 맞는 영화의 대본을 쓰고 배우의 매력을 극대화시킬 수 있도록 집중 조명하는 연출 방식을 사용한다. 배우의 얼굴 표정, 몸동작, 손짓 하나 하나를 클로즈업시키면서 배우와 관객 사이를 좁힌다. 관객으로 하여금 무대와 객석의 거리를 느낄 수 없게 만든다. 그래서 영상에서 발산되는 배우의 개성과 매력을 별다른 저항 없이 수용하도록 유도한다.

그 밖에 본격적인 이미지 발산과 수용을 위한 영상 작업이 필요할 뿐 아니라 이미지 구축을 위한 사전 홍보 장치를 정교화시켜야 한다. 이와 더불어 구축된 이미지를 유지하고 보강하기 위한 사후 홍보 장치가 가동된다. 영화가 제작되는 동안이나 제작되기 전에 이미 배우에 대한 이야깃거리를 신문사나 잡지사에 유포시킨다든지 배우의 육체적 장점을 최대한 살린 매혹적이고 육감적인 사진들을 제작 배포한다. 텔레비전이나 라디오 등의 방송 매체에 잠깐씩 출연시키거나 인터뷰를 하게 하는 등의 사전 이미지 구축 작업과 홍보 작업이 치밀하게 진행된다. 이러한 이미지 구축과 홍보 작업은 영화의 종영 후 스타가 은막에서 직접 활동하지 않을 때도 계속된다. 선전과 홍보를 위해서는 스타의 연예계 활동뿐 아니라 스타의 사생활까지도 구축된 이미지에 맞추어 허위로 연출하기도 한다. 때로 스타의 이미지 홍보와 관리를 위해서라면, 심지어 염문설과 같은 스캔들 조작까지도 마다하지 않는다. 이러한 스타 시스템의 이미지 메이킹 작업을 통해 뛰어난 매력과 독특하고 호소력 있는 개성을 지닌 인물로 포장된 스타는 드디어 대중의 우상이 된다.

스타의 이미지 메이킹에서 가장 중요한 단계는 스테레오 타입화라 할 수 있다. 이 과정은 스타에게 이미지의 일관성을 부여하기 위해 꼭 필요한 것으로, 이를 위해서는 스타의 스크린 이미지와 홍보에서의 스타 이미지를 일치시키는 것이 가장 관건이라 할 수 있다. 할리우드 홍보 담당자들은 홍보의 전 과정에 걸쳐 스테레오 타입화된 스타의 이미지를 관리하기 위하여 영화 제작사의 정책 책

임자와 긴밀한 공조 체제 아래 이 작업을 완성시킨다.

그레이스 켈리와 마릴린 먼로의 경우 홍보 초기 단계에서 일관된 이미지 구축을 위하여 이 두 스타의 실제 사생활이 홍보용으로 적극적으로 활용되었다. 그레이스 켈리의 경우, 유서 깊은 동부 도시 필라델피아 출생으로 교양 있고 재력 있는 집안에서 유복하게 자라난 성장 배경이 널리 홍보되었다. 이러한 홍보는 그녀의 이지적이고 차가운 매력을 단호한 귀족적인 우아함과 연결시키며 쉽게 손닿을 수 없는 곳에 자리한 여신으로 포장하는 데 중요한 역할을 담당했다. 마릴린 먼로의 경우에도 실제 사생활이 스타 메이킹의 과정에서 이용되었다. 먼로는 켈리와는 대조적으로 아버지가 누구인지도 몰랐으며 어머니는 정신병을 앓았고 어려서 고아가 되어야 했던 불우한 가족 환경에서 자라났다. 열여섯 살 어린 나이에 결혼하는 등 순탄치 않았던 과거도 있다. 할리우드는 이러한 불행한 성장 배경과 과거사를 공개 선전하여 남성들에게 그녀가 쉽게 가질 수 있는 여자라는 환상을 심어주었다. 남성들의 매혹적인 노리개로 먼로의 이미지를 부각시켰다. 이렇게 살아온 노정을 빌어 가공된 이미지와 소위 백치미라 불리는 스크린에서 발산되는 요염한 이미지를 결

합하여 할리우드는 마침내 마릴린 먼로를 세기의 섹스 심벌로 만드는 데 성공하였다.[12]

---

12) 토마스 해리스, 『스타 만들기 : 그레이스 켈리와 마릴린 먼로』, 381쪽.

제 2 장
영화는 관객의 비위를 건드릴 만한 배짱이 있는가?

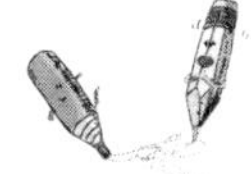

관객 1200만 명을 돌파하며 돌풍을 일으킨 영화 「왕의 남자」는 2006년 초 대한민국에서 하나의 사회적 현상이었다. 소자본으로 내로라하는 스타 하나 없이 만들어진 영화가, 그것도 장사가 안 된다는 사극을 장르로 하여 공전의 히트를 치자 사람들은 이 성공에 함께 희열을 느꼈다. 마이너리티의 승리는 언제나 짜릿한 감동으로 다가온다.

그런데 이 영화의 흥행이 충무로의 이변을 넘어서서 사회적 현상으로까지 받아들여졌던 이유 중의 하나는 '동성애 코드'에 있었다. 김태웅 원작의 연극 「이(爾)」를 바탕으로 하는 영화는 연극과 비슷하게 연산과 두 명의 광대 사이에 얽혀진 동성애적 관계를 중심 줄거리로 하고 있다. 그러나 영화는 연극과 달리 동성애적 표현을 최대한 절제하고 있다. 동성애적 로맨스를 다루면서도 이를 전면에 드러내기보다는 보일 듯 말듯 감추며 자유를 갈구했던 왕과 같은 광대와, 광대의 자유에 목말라 했던 광대 같은 왕의 갈등이라는 또 다른 줄거리 속에 묻어가게 한다. 그래서 영화는 예술 혼을 가진 자유로운 광대와 권력을 가졌으나 권력에 매혹될 수 없었던 왕의 이야기를 다룬, 예술과 권력의 대립 서사로도 읽힐 수 있다. 또한 가진 것이 없기에 맨몸으로 부딪히며 피투성이가 되어야만 했던 사람들과, 가진 것은 있되 그것에 억압되고 질식되어가는 사람들의 이야기를 풀어나간, 계급 문제에 관한 영화로도 읽힐 수 있다.[1)]

영화의 동성애 코드에 관하여 감독 이준익은 영화는 연극과는 달라야 한다고 한다. 그는 이런 이야기를 한다. "예를 들어 연극에선 공길에 대한 왕의 애정이 노골적인데 이것을 영화에서 그대로 보여준다고 생각해봐요. 그럼 싸구려가 된다니까요."[2)] 그의 말대로라면 다음과 같

---

1) 『씨네21』, 537호.

은 의문이 생긴다. 왜 같은 종류의 표현이 영화에서는 싸구려가 되고 연극에서는 그렇지 않은 것일까? 연극에서는 받아들일 수 있는 것이 왜 영화에서는 받아들여지지 않는 것일까?

우리 사회에서 아직 금기시되고 있고 그에 대한 저항감이 심한 동성애를 다룬 영화가 흥행에 제대로 성공했다는 것은 상당히 놀라운 사실이다. 그런 면에서 이 영화의 흥행이 사회의 일반적 통념을 깨는 데 일조했다고 평가할 수도 있다. 그러나 이 영화가 사람들의 지평을 확대시키는 데 일조했는가, 사람들에게서 새로운 감수성을 끌어내는 데 성공했는가라고 묻는다면 이 영화의 성공은 반쪽짜리 성공이라고 이야기할 수 있다. 다른 것은 몰라도 영화는 적어도 동성애를 인간에 대한 사랑의 한 형태로 인정하는 새로운 문화적 경험을 제공하지는 않았다.

감독이 밝힌 대로 흥행에 성공할 수 있었던 여러 이유 중의 하나는 동성애 코드의 영화면서도 이 코드를 감추었기 때문이다. 어떤 사람들은 노골적인 성애의 표현이 없다는 이유로 이 영화를 동성애 영화가 아니라고 한다. 아니 그렇게 믿고 싶어한다. 그러나 이성애를 다룬 모든

---

2) 『국민일보』, 2006년 1월 15일.

영화들이 다 노골적인 성애를 표현하고 있는 것은 아니다. 때로는 클로즈업된 얼굴에서 나타나는 섬세한 표정 하나로도, 때로는 손가락의 가느다란 떨림 하나만으로도 충분히 사랑을 표현해낼 수 있다. 이렇게 보자면 이 영화는 동성애 코드의 영화인 게 분명한데 왜 반쪽짜리 성공이라고 할 수 있을까? 영화는 동성애적 관계를 다루고 있으면서도 이 관계를 인정하지 않고 있다. 연산과 공길의 관계를 비역질이라 비방하는 장생이 그러하고, 다른 비방에는 태연했지만 "사내놈과 붙어먹는 비역질"이라는 표현에서는 분노해마지 않던 연산이 또한 그러하다. 그들은 욕망하면서도 이 욕망을 드러내기를 거부하고 두려워한다. 영화는 진지한 애정을 다루면서도 의도적으로 '욕망'을 거세한다. 남자와 남자 간의 사랑에 당혹해 하며 거부감을 드러낼 관객들을 위하여 화면에 비추어지는 것은 남자를 사랑하는 남자가 아니라 '예쁜' 남자다. 그래서 관객들이 영화를 보면서 이해하고 받아들이는 것은 '동성애'가 아니라 '고운 모습'이다. 그리고 인정하고 감동하는 것은 남자를 연인으로 사랑했던 광대의 목숨 건 사랑이 아니라 끝까지 광대의 삶을 살고자 목숨 버린 자유와 열정이다.

영화는 관객들의 비위를 건드릴 배짱이 없다. 대중문화에 속하는 상업 영화의 궁극적 목표는 이윤 창출이다. 감독이 영화를 만드는 데에는 여러 가지 동기가 작용할 수 있겠지만 여하튼간에 장사가 되는 영화를 만들어야 한다. 이건 모든 상업 영화의 감독이 공유하는 지점이다. 44억 원의 비교적 적은 예산으로 만들어진 영화 「왕의 남자」의 손익분기점은 관객 200만 명 정도였다. 비슷한 시기에 상영되었던 제작비 약 150억 원을 들인 영화 「태풍」의 손익분기점은 관객 620만 명이었다. 「태풍」을 보러 영화관을 찾은 관객은 420만 명 정도였다.

충무로에서 관객 1000만 명은 꿈의 숫자다. 이 숫자는 영화만의 힘으로 도달할 수 없는 숫자이기 때문이다. 영화가 영화의 차원을 넘어 사회적 신드롬이 되지 않는 이상 도달할 수 없기 때문이다. 소위 말해서 '그 분이 오셔야지' 가능한 숫자다. 영화만의 힘으로 도달할 수 있는 숫자는 500만 명 정도다. 충무로에서는 보통 500만 관객이 동원되는 영화를 '국민 영화'라고 부른다. 이 숫자는 영화의 주요 고객층인 젊은 세대뿐 아니라 문화 소비를 위해 지갑을 열기가 쉽지 않은 중장년층이 움직여 주어야만 도달할 수 있는 숫자이기 때문이다. 이러한 관객 동원은 마케팅 효과만으로는 이루어낼 수 없다. 무엇보다 영화 자체가 재미있어야 하고 그 재미가 많은 관객들의 입소문을 통해 또 다른 많은 관객을 극장으로 끌어들여야만 한다.

그러니까 영화가 대박나기 위해서는 전 국민이 공감할 수 있는 내용을 담아낼 수 있어야 한다. 더군다나 할리우드의 초대형 블록버스터 같은 경우는 전 지구적으로 먹혀들어갈 수 있는 영화여야 한다. 그러자면 영화는 좋게 말해서 어디서나 통할 수 있는 '보편성'을 지녀야 한다. 나쁘게 말하자면 '단순함'의 틀에서 벗어나서는 안 된다. 엽기적인 장면조차도 이 단순함을 벗어나서는 안 된다. 너무 새로워도 안 되고 너무 독창적이어서도 안 된다. 대중들의 비위를 건드릴 만한 소재나 서사는 피해야 한다. 너무 심각하거나 무거워서도 안 된다. 한 두어 시간 현실에서 벗어나 아무 생각 없이 영상 속으로 빨려 들어가고자 하는 사람들에게 어려운 숙제를 내놓아서는 안 된다. 그러고 나서 극장 문을 나서는 사람들에게 바람직한 입소문을 기대한다는 것은 어리석은 일이기 때문이다.

대중을 상대로 하는 대중문화는 가장 일반적인 것에 초점을 맞추어야 한다. 누구에게나 통할 수 있는 것, 어떤 특정한 지식이나 특정한 취향, 훈련된 예술적 감성 없이도 즐길 수 있는 그러한 것들을 다루어야 한다. 중학생 정도 연령층이 갖는 지적 수준을 기준으로 해서 영화를 만드는 현실은 여기서 나온다. 「해리포터」는 아이들의 책이지만 어른들도 즐길 수 있다. 외국에서 같은 내용의 「해리포터」를 표지와 제본만 달리하여 성인용으로 만들어 팔 수 있었던 것도 그 때문이다. 책뿐 아니라 영화 「해리포터」도 남녀노소 모두 즐길 수 있는 오락거리다. 하지만 인생을 이미 알아버린 사람들을 위한 책이나 영화는 진짜 어른들만을 위한 것이기에 모두가 즐길 수 없다.

물론 익숙한 것을 가지고 새로운 것을 만들어내고, 평범하고 일상적인 것 속에서 통찰력 있고 깊이 있는 것을 만들어낼 수도 있다. 그렇게만 할 수 있다면 더 바랄 것이 없을 것이다. 그러나 그런 뛰어난 작품을 발견한다는 것은 예술사에서도 흔히 일어나는 사건이 아니다. 이러한 것을 가능하게 하는 사람을 천재적인 예술가라고 부를 만큼 그런 경우는 드문 사건이다. 상업 영화는 대중문화이지 순수 예술이 아니다. 상업 영화가 추구하는 것은 오락성이며, 대중들에게서 새로운 예술적 감수성이나 문화적 고양 따위를 추구하지 않는다. 예술적 감수성은 어디까지나 부차적이다. 문화적 고양은 오락성과 결합되어 이윤 창출을 위한 시너지 효과를 낼 수 있을 때만 진지한 고려의 대상이 된다.

충무로 영화에서 관객 1000만 명이 꿈의 숫자라면 초저예산 독립 영화에서 관객 1만 명은 마찬가지로 꿈의 숫자다. 관객 1만 명이 독립 영화에서 의미하는 바는 영화가 단지 감독의 자기 만족으로 끝나지 않았다는 사실이다. 작품을 함께 공유하는 관객 1만 명은 영화에 대한 문화적 인정이자 사회적 인정을 의미한다. 그러나 독립 영화는 관객 1000만 명을 꿈꾸지 않는다. 1만과 1000만은 다르다. 무엇보다도 관객 1만을 꿈꾸는 독립 영화가 관객 1000만을 꿈꾸는 충무로의 영화에 비해 '보편'이라는 이름의 허울 좋은 '평범함'에서 벗어날 수 있다는 점, 몸에 밴 '순응'에서 많이 자유로울 수 있다는 점이 다르다.

좀더 많은 관객을 필요로 하면 할수록 영화는 여유가 없다. 관객과 소통을 시도할 만한 시간도 없고 관객에게 다른 낯선 세계를 보여줄 인내심도 없다. 익숙하지 않은 것이지만 그것에 친해져보라고 그래서 새로운 감수성을 느껴보라고 관객을 설득할 열정도 없다. 스스로 이러한 열정이나 인내심이 없을 뿐 아니라 관객에게 이런 요구를 할 수도 없고 요구해서도 안 된다. 좀더 많은 관객을 좇는 상업 영화는 관객과 함께 호흡하며 함께 예술적 자유와 초월을 추구하는 소통의 장이 아니다. 자본의 논리에 따라 움직이는 이윤 추구의 장이다. 영화는 또한 매스미디어다.

매스미디어(Mass Media)란 '다수' 또는 '대중'을 의미하는 매스(Mass)와 '매체' 또는 '수단'을 의미하는 미디어(Media)의 합성어다. 매스미디어는 기계 기술을 통하여 불특정 다수에게 정보를 전달하는 기구 또는 시스템을 일컫는 말이다. 매스미디어는 광범위한 지역의 많은 사람들에게 짧은 시간 안에 정보를 전달하는 매스커뮤니케이션(Mass Communication)을 가능하게 해준다.

이러한 매스커뮤니케이션에서 정보의 흐름은 일방적이다. 정보는 매스미디어를 장악한 중앙에서 생산되어 대중에게 전달된다. 대중이 생산해내는 정보가 중앙에 전달되거나 대중들 사이에서 정보가 상호 교환되지는 않는다. 매스미디어를 통해서 대중은 다만 정보를 수용할 뿐이다. 이런 일방적이고 중앙 집권적인 방식의 정보 소통은 현대의 테크놀로지가 있기에 가능한 것이다. 텔레비전이나 라디오가 대표적인 예다.

이 테크놀로지에 대한 의존은 절대적이어서 이것이 매스미디어의 또 다른 성격을 규정한다. 테크놀로지를 이용하여 매스미디어를 장악할 수 있기 위해서는 거대한 자본이 필요하기 때문이다. 자본을 가진 사람이나 권력을 가진 사람만이 매스미디어를 소유할 수 있다. 자본의 속성은 더 많은 자본을 획득하는 데 있다. 권력은 권력을 유지하며 확장시키는 데 있다. 자본을 가진 자가 매스미디어의 주인이 되면 자본의 논리에 따른 이윤 창출이 최우선의 목적이 된다. 매스미디어는 수용자의 비위를 맞추어 그들로 하여금 소비하게끔 해야 한다. 권력을 가진 자가 주인이 된 매스미디어는 권력의 논리에 따라 현존하는 사회 정치 질서를 유지하는 데 그 목적이 있다. 매스미디어는 대중을 순응시켜 그들로 하여금 현실 부정을 하지 못하도록 만들어야 한다.

> "매스미디어 수용자의 크기는 수용자에게 전달하는 내용에 지대한 영향을 미칩니다. 영화에서 다루는 내용에는 연극에서 다루는 내용보다 많은 금기 사항이 따릅니다."

이준익 감독의 영화는 연극 「이(爾)」와 달리 공길에 대한 왕의 노골적인 애정을 드러낼 수가 없다. 연극에서는 사디즘에 가까운 애정 행각이 적나라하게 표현되더라도 영화에서는 그럴 수 없다. 감독이 용기가 없는 소심한 사람이기 때문이 아니다. 노골적으로 드러냈을 때 그 결과가 어떻게 될지 알기 때문이다.

영화와 연극은 여러 가지 면에서 다르지만 수용자의 규모라는 차원에서도 확연히 구분된다. 영화는 다양한 연령층의 관객을 가지고 있을 뿐 아니라 관객층 또한 상당히 이질적이다. 「왕의 남자」는 중학생에서부터 할머니, 할아버지까지 많은 남녀노소가, 대통령에서부터 청소부까지 사회 각계 각층의 다양한 사람들이 관람했다. 연극도 물론 다양한 사람이 관람하지만 영화만큼 불특정 다수는 아니다. 같은 내용이라도 소수에게는 통하지만 다수에게는 통하지 않을 때가 있다. 소수의 수용자에게는 문화적으로나 사회적으로 민감한 내용의 이야기일지라도 수용자의 수용 정도와 이해력에 맞추어 접근할 수가 있다. 반면에 다수의 수용자에게는 일반적인 수준을 넘어서서 이야기를 끌고나가기가 힘들다는 한계가 있다. 이것이 아예 이야기의 소재마저도 제한하는 결과를 가져오기도 한다.

이런 수용자의 규모 차이와 무엇보다도 연극 특유의

현장성은 그 틀과 형식에서 이미 일정 정도의 소통을 전제하고 있다. 무대와 객석에 존재하는 소통의 에너지와 긴장은 흔히 관객이 소화해내기 힘든 서사조차도 납득할 수 있도록 설득하는 추진력이 된다. 이 힘으로 녹록치 않은 내용의 극을 끝까지 밀어붙일 수 있다. 무엇보다 연극의 무대는 배우가 움직이는 공간에 한정되어 있지 않다. 진정한 연극의 무대는 관객이 자리한 객석까지 포함한다. 같은 연극이라도 객석이 텅 비어 있는지 아니면 꽉 차 있는지, 관객이 극에 몰입해서 열기가 뜨거운지 아니면 심드렁해하며 딴 짓하고 있는지에 따라 사뭇 달라진다. 관객의 성향에도 많이 좌지우지된다. 관객이 잘 웃고 우는지 아니면 근엄한지 등에 따라서도 연극은 다른 색깔과 다른 모습을 띠게 된다. 그래서 연극은 기본적으로 연출자와 배우 그리고 관객이 모두 함께 완성시켜나가는 작품이다.

영화에는 이런 게 부족하다. 영화는 연극과 같은 현장성이 없다. 극이 만들어지는 과정에 관객이 함께 참여하는 연극과 달리, 영화가 만들어지는 과정에는 관객이 없다. 극의 전개와 관객의 참여라는 동시성이 없어진 자리에 '원본'이란 없다. 연극은 무대와 객석의 상호 소통으로 인하여 매회마다 다르며 두 번 다시 똑같이 경험할 수 없는 하나뿐인 원본이라면, 영화는 모두 복제다. 영화 「해리포터」는 런던에서 보나 서울에서 보나 다 똑같다. 누가 '진짜' 「해리포터」를 보았는지를 따진다는 게 무의미할 정도로 모두들 '원본 없는 복제'를 보고 있다.[3] 모두가 복제본인 영화에는 전부 원본인 연극의 함께 만드는 과정과 이 과정에 대한 참여가 생략되어 있다. 과정과 참여가 생략된 만큼 이해의 폭도 좁아진다. 연극의 원본이 갖는 동시성과 소통 가능성을 갖지 못한 영화는 관객에게 일방적이고 제한적일 수밖에 없다. 영화는 이미 완성된 제품으로 수용자에게 제공되며 수용자는 불특정 다수다. 불특정 다수를 위하여 소화하기 힘든 새롭고 민감하고 심지어 위험하기까지 한 소재는 피해야 한다. 부득이 피할 수 없다면 모두에게 익숙한 기존의 틀에 끼워넣어야 한다.

그러나 민감한 소재를 깊이 있게 다루기 위해서는 파격적이면서도 치밀한 접근이 필요하다. 기존의 틀을 뒤엎는 독특한 방법과 독창적인 전개 방식이 필요하다. 그렇지 못하면 동성애의 노골적인 표현이나 사디즘의 애정

3) 존 스토리, 『문화 연구와 문화 이론』, 236쪽.

표현과 같이 민감한 부분은 전체 서사에서 이해되지 못하고 다만 자극적이고 선정적인 장면으로 전락하고 만다. 그와 함께 영화는 싸구려가 된다.

연극에서 되는 것이 영화에서는 안 되는 또 다른 이유로는 미디어(매체)의 차이를 들 수 있다. 영화는 '핫(hot)' 미디어인 반면 연극은 '쿨(cool)' 미디어이다. 마셜 맥루한에 따르면, 미디어에는 뜨거운 것과 차가운 것 두 가지 종류가 있다.[4] 핫 미디어란 정보 자료가 촘촘히 채워져 있는 정세도 높은 미디어이고, 쿨 미디어는 정보 자료가 성글게 채워져 있는 정세도가 낮은 미디어다. 쿨 미디어는 핫 미디어보다 정보의 구멍이 많기 때문에 이 부족한 부분을 수용자가 직접 채워야 한다. 자연스럽게 수용자의 적극적인 참여를 유도한다.

스타킹의 예를 한번 들어 보자. 여기 두 종류의 스타킹이 있다. 하나는 흔히 볼 수 있는 올이 촘촘하고 매끄러운 보통 스타킹이고 다른 하나는 구멍이 나 있는 망사 스타킹이다. 핫 미디어냐 차가운 미디어냐의 구분에 따르면, 올이 촘촘한 보통 스타킹은 뜨거우며 올이 성긴 망사 스타킹은 차갑다고 할 수 있다. 그런데 사람들은 일반적

---

4) 마셜 맥루한, 『미디어의 이해 : 핫 미디어와 쿨 미디어』, 329-338쪽.

으로 보통 스타킹보다 망사 스타킹을 훨씬 섹시하게 여긴다. 왜 망사 스타킹이 더 자극적일까? 맥루한은 그 이유를 망사 스타킹의 경우, 보는 사람이 그의 눈을 손처럼 이용해서 스타킹의 구멍을 메워 완전한 것으로 만들기 때문이라고 한다.[5] 그러니까 감각의 적극적인 참여가 사람들의 마음을 흔들면서 스타킹을 자극적으로 만든다. 예를 하나 더 들어보자. 안경을 낀 여자와 선글라스를 낀 여자가 있다. 사람들은 어떤 모습에 더 끌릴까? 일반적으로 선글라스를 낀 여자다. 선글라스에 가려진 부분은 상상력을 자극한다. 이 공간을 채우고 싶은 욕구를 느끼게 할 뿐 아니라 원하는 것을 마음대로 채워넣을 수 있는 자유도 주어진다. 반면에 보통 안경은 여자의 시선을 오히려 강조하며 상상의 여지를 남기지 않고 완전히 다 보여준다.[6] 수용자의 감각에 대한 적극적인 참여 요구가 없으니 당연히 욕구에 대한 강한 자극도 일어나지 않는다.

정보가 부족한 쿨 미디어가 정보가 가득 찬 핫 미디어보다 사람을 더 자극시킨다. 이런 재미있는 현상은, '넘치는 것이 모자란 것만 못하다'는 속담을 떠오르게 한다.

5) 같은 책, 335쪽.

6) 같은 책, 337쪽.

이런 구분을 영화와 연극에 적용시킨다면, 연극이 영화에 비해 비어 있는 부분이 많고 이것이 수용자의 상상력과 감각적 참여를 훨씬 더 많이 요구한다. 이 때문에 사람들은 일반적으로 영화보다 연극에서 더 많은 것을 느끼고 생각하고 자극받을 수 있다고 말할 수 있다. 수용자가 적극적이고 자발적이라면 연출자나 배우들은 그 안에서 더 많은 이야기들을 그리고 매너리즘에 빠지지 않은 더 새로운 이야기들을 좀더 쉽게 시도할 수 있을 것이다. 연극은 영화에서 감히 상상도 할 수 없는 일을 할 수 있다. 그래서 연극은 영화보다 실험적일 수 있다.

핫 미디어인 영화는 근대 테크놀로지의 산물이다. 핫 미디어와 달리 수용자가 부족한 정보 자료의 상당량을 메워야 하는 쿨 미디어는 일반적으로 산업화 과정 이전의 미디어에 대한 지배적인 현상이었다. 반면에 산업화 이후의 근대화 과정은 핫 미디어가 지배하는 시기였다. 근대화는 사람들의 삶에도 많은 영향을 끼쳤다. 이전에는 느슨하며 느릿하지만 서로 연결되어 있던 촌락의 참여도 높은 공동체적 삶이 있었다. 근대의 산업화는 밀도 높은 도시의 파편화된 개인적 삶을 전면에 등장시켰다. 자연과 인간에 대해 시시각각으로 주어지는 과학적 정보

자료는 자연과 인간을 정복의 대상으로 여기게 만들었고 사람들은 정복의 대상 앞에서 경외감을 상실한 지 오래였다. 뉴턴 이래로 시간의 절대적 개념을 갖는 '시계의 시대'가 도래하였고, 사람들은 삶에 녹아 있던 생활 세계의 시간을 잃어버렸다.[7] 얼마나 걸리는지를 이제 더 이상 '보리밥 한 뜸 들 정도'로 이야기할 수 없을 만큼, 시간은 생활 속의 친화력을 상실해버렸다. 사람들은 시간의 노예가 되어가기 시작했다.

그와 동시에 시계에 감겨진 태엽처럼 모든 것이 질서정연하고 일사분란하게 움직여야 하는 기계화 시대가 시작되었다. 이제 인간의 내면적인 삶에 대한 관심과 몰입은 점점 적어지며 사람들은 점점 더 자기를 외부의 양적 기준으로 이해하기 시작하였다. 연봉이 얼마인지, 갖고 있는 차는 몇 마력인지, 동산과 부동산은 얼마나 소유하고 있는지, 심지어는 국가 단위에서 1인당 에너지 소비는 얼마나 되는지, 식민지의 규모는 어느 정도나 되는지 등, 모든 수치화하고 계량화할 수 있는 '외부 확장'을 지향하며 살아가는 시대였다.

이와 비례하여 행복이라든지, 궁극적 가치라든지, 의

---

7) 같은 책, 331쪽.

미라든지 단순히 수량화할 수 없는 질적인 삶의 내용에 대한 관심과 열정은 점점 사그라져 들었다. 그것들은 다만 채워지지 않는 무언가에 대한 목마름으로 막연히 남게 되었다. 그러나 이 목마름은 결코 철저히 그리고 오랫동안 무시될 수 없다. 자기를 찾고 자기와 화해하고자 하는 욕구, 삶의 궁극적 의미에 대해 묻고 답하고 싶은 욕구 그리고 자신의 삶에 좀더 적극적으로 참여하고자 하는 욕구는 사람들에게서 완전히 제거될 수 없다. 그것은 숨어 있다가도 한 가닥 분출구가 생기기만 하면 언제든지 뚫고 솟구쳐오르는 그런 지울 수 없는 욕구다.

이런 욕구에 대한 목마름을 조금씩 적셔주듯이, 오늘날 우리는 빈틈없는 '뜨거운' 형태를 피하고 빈틈이 많은 '차가운' 형태를 추구하는 현상을 종종 발견할 수 있다. 차를 타고 빨리 갈 수 있는 길을 일부러 천천히 걸어가기도 한다. 도로와 빌딩들이 빼곡히 들어차 있는 도심에 녹색의 빈 공간을 마련하려고 애쓰기도 한다. 느림의 미학이 재발견되고 생활 속의 시간을 이야기하며 삶의 질을 논한다. 이러한 과정 속에서 우리 삶과 주변의 '뜨거운' 매체와 '차가운' 매체가 서로 교차하며 상호 작용한다. 기술 문명이 인간화되며 살아 숨쉬는 문화가 된다.

물론 ‘뜨거움’과 ‘차가움’은 상대적이다. 쿨 미디어와 핫 미디어는 상대적인 개념이다. 전화는 라디오와 비교하면 쿨 미디어이지만 영화와 비교하면 핫 미디어다. 영화는 연극에 비교하여 뜨거운 매체다. 뜨거운 매체로서의 영화가 지니는 한계는 고정적인 것이라 할 수 없다. 영화는 진화하며 좀더 인간의 삶에 가까이 다가갈 수 있다. 어떠한 미디어도 고정된 의미만을 지니지는 않는다. ‘뜨거운 매체’로서 영화는 연극과 같은 ‘차가운 매체들’과 상호 작용하고 공존하면서 자기 한계를 조금은 벗어날 수 있다. 연극은 영화가 그렇게 도전적인 한 발자국을 앞으로 내밀 수 있도록 도와줄 것이다. 그것이 우리 삶에서 내미는 작지만 도전적인 한 발자국으로 이어진다면 우리는 영화에 더 이상 바랄 것이 없다.

제 3 장
대중문화는 타자의 문화인가 우리의 문화인가?
— 영국의 문화론

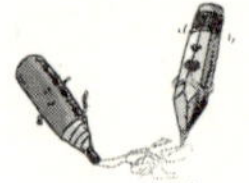

많은 사람들이 대중문화의 한계와 가능성에 대해 이야기한다. 대중문화가 사람들을 백치로 만든다는 의견에서부터 대중문화에서 '문화 인구의 저변화'와 '문화의 민주화'를 이루게 한다는 사람에 이르기까지 대중문화에 대한 분석과 해석은 실로 다양하다.

말뚝이 : 누구시옵나이까? 평안감사 갔던 청조 생원님이옵나이까?

양 반 : 이 놈 말뚝아, 청보 생원님은 이 양반이 청보 생원님이다. 그리고 저기 선 저 양반을 보아라. 한쪽은 수원 백 서방이 만들었고, 한쪽은 남양 홍 서방이 만들어서 접으

> 로 된 양반이다. 이 놈 말뚝아, 저 밑에 선 도련님이 남베기는 빨아놓은 김치가닥 같고 밑구녕에 빠진 촌충이 같애도 내가 평안감사 갔을 때 병풍 뒤에서 낮에 만든 도련님이다. 인사나 올려라.[1)]

우리의 민중들이 즐기던 탈춤「고성오광대」제2과장 오광대 중의 한 대목이다. 양반의 오입질에 대한 풍자를 엿볼 수 있다.

다수를 대상으로 하는 대중문화는 권력을 가진 자들에게 항상 양날의 칼이었다. 한편으로 대중문화는 권력자들이 폭력을 쓰지 않고서도 대중들을 조정하고 간섭할 수 있는 수단이기도 했다. 그러나 다른 한편, 권력을 가진 자들은 권력을 갖지 못한 자들이 독자적으로 향유하는 문화에 대해 항상 불안과 경계의 시선을 거둘 수가 없었다. 권력에 대한 그들의 풍자와 해학이 두려웠기 때문이다. 그 속에서 생겨날 현실 인식이 겁났고, 그것이 현 질서에 대한 부정으로 이어질까 더더욱 겁났다.

다수의 대중문화에 대한 규제와 감시는 어느 시대에나 권력자들의 관심거리였다. 당연히 이에 대한 관리를 소홀히 하지 않았지만 언제나 통제가 가능한 것은 아니었

1) www.poongmul.com/data/Gosung.hwp

다. 종종 다수의 대중문화가 권력층의 영향권에서 벗어나 독자성을 띠게 되는 일이 발생하곤 했다. 이럴 때면 다수의 대중문화는 가지지 못한 자들의 자생적인 문화인 '민중 문화'의 성격을 띠게 되었다. 탈춤이나 민요 같은 우리나라 서민들의 민중 문화가 그렇고, 서양에서는 특히 19세기 영국의 '노동 문화'가 그랬다.

당시 영국에서 진행된 산업화와 도시화는 전에 없던 많은 변화를 가져왔다.[2)] 대표적인 변화는 봉사와 예속으로 대표되는 과거의 지배 계급과 피지배 계급 간의 주종관계가 산업자본주의의 새로운 노동 관계 속에서 노동과 의무의 계약 관계로 변한 것이었다. 맨체스터 같은 새로운 산업 도시에서 나타난 노동 계급과 유산자 계급 간의 명확한 주거 분리 또한 주목할 만한 현상이었다. 이 주거 분리가 노동자들에게 지배 계급의 간섭에서 벗어나 그들만의 노동자 문화를 형성할 수 있는 독자적인 공간을 부여했기 때문이다.

이 노동 문화는 전통적인 '민속 문화'와는 다르다. 물론 민속 문화 역시 지배 계급이 독점적으로 누리던 '고급 문화'와 구분되긴 하지만, 민속 문화는 적지 않은 부분에

---

2) 존 스토리, 『문화 연구와 문화 이론』, 37-38쪽.

서 지배 계급과 피지배 계급이 함께 공유하는 문화였다. 설이나 추석 같은 우리나라 명절이나, 크리스마스나 부활절 같은 유럽의 기독교 문화가 이에 속한다고 볼 수 있다. 이와 같이 포괄적인 민속 문화와 달리 노동 문화는 노동자 대중이 지배 계급과 공유하는 문화가 아니었다.

당시 영국의 상황에서 노동 문화는 정치적인 운동으로 이어지며 이는 1838년에 의회 개혁 운동인 차티스트 운동(Chartism)으로 폭발하기도 하였다.[3] 이러한 정치 운동에서 뿐 아니라 사회 전반에서 노동 계급은 독자적인 문화를 확산시키며 지배 계급에 의해 주도되어왔던 두 계급 간의 문화적 합병과 전통 사회의 보수적 질서를 흔들기 시작했다.

근대의 대중문화 연구는 이 노동 문화에 대한 분석에서 시작한다. 최초로 대중문화 연구를 시도하고 주도했던 영국 학자들은 전형적인 엘리트 계층에 속하는 이들이었다. 그들은 이 노동 문화로 대표되는 초기 대중문화에 대해 부정적이었으며 때로는 혐오에 가까운 감정을 드러내기도 했다.

---

3) 같은 책, 38쪽.

"거칠고 덜 발달된 […] 가난과 지저분함 속에서 오랫동안 반쯤 잠겨 있던 […] 이제 그 숨은 곳에서 나와 자신이 원하는 대로 할 수 있다는 영국인의 천부인권을 주장하며 원하는 곳에 행진하고, 집결하고, 소리 지르고, 부수며 우리를 당황하게 만들기 시작하는 노동 계급의 문화다."[4)]

근대 대중문화 연구의 아버지라 불리는 매튜 아놀드(Matthew Arnold)는 이와 같이 노동 계급의 문화를 묘사하면서, 당시의 대중문화를 거칠고 잔인하고 비열하고 폭력적인 것으로 위험시한다. 그에게 문화란 "인간 사고와 표현의 정수"였다. 문화란 곧 고급 문화를 가리키는 것이었으며, 대중문화란 '무정부' 상태로서 '문화'가 아니었다.[5)]

이러한 문화적 명제에 따르면, 문화란 곧 대중문화를 제거하는 것으로도 이해되었다. 노동자 대중들에게는 "문화적 차이를 인정하고 문화적 종속을 받아들이는 것" 외에는 다른 선택이 없었으며, 그들은 "맥주와 진과 즐거움" 속에서 허우적거리도록 운명지어진" 인생들이었다.[6)] 아놀드의 대중문화 연구는 엘리트주의의 색채를 강하게

---

4) 같은 책, 40쪽(M. Arnold, *Culture and Anarchy*, p.105).

5) 같은 책, 39쪽.

6) 같은 책, 42-45쪽.

띠고 있으며, 궁극적 관심사는 문화적 복종과 종속을 통한 사회 질서 획득과 권위의 회복이었다.

아놀드 이후 영국 대중문화 연구에는 리비스주의가 등장하여 아놀드적 전통을 이어간다. 리비스(F. R. Leavis)를 중심으로 비슷한 생각을 가진 몇몇 학자로 묶인 이들의 입장은 보수적이었다. 이들은 "문화는 항상 소수의 유지자들에 의해 지켜졌다"고 주장한다.[7] 이들 리비스주의자들에 따르면 19세기 말과 20세기 초 영국 문화는 대중문화에 오염되어 '평준화'와 '하향화'의 길을 걷고 있었다. 특히 노동 계급의 정치 세력화와 대중민주주의의 등장은 문화의 영역에 심각한 도전으로 비춰졌다.

그들의 분석에 의하면, 당시의 상황은 상당히 복잡했다. 그때까지 별다른 도전 없이 문화의 기준을 정할 수 있었던 지배 계급의 권위는 상실되어가고, 이 상실의 틈을 상업자본주의가 비집고 들어왔다. 이들이 영리를 좇아 만들어내는 문화 상품과 그들이 제공하는 상업적 문화가 대중문화의 영역에 자리를 틀기 시작했다. 뿐만 아니라 그와 함께 급진적인 예술가들이 도시 노동 계급과 중산층 개혁론자들과 손잡고 만들어내는 정치적 색채 짙

7) 같은 책, 45-53쪽.

은 대중문화가 자본주의적 상업 문화와 공존하였다.

리비스주의자들은 대중을 둘러싼 이 새로운 문화적 경향에 대해 깊이 우려하였다. 우려의 근저에는 문화가 천박한 대중민주주의의 정서에 물든다는 불안이 있었다. 그리고 상업적 이해 관계에 의해 오염되는 것에 대한 염려도 있었다. 그들에게 민주주의 정서는 문화적 규범을 다수결의 원칙에 따라 좌지우지하게 만들고, 이는 곧 문화적 상실로 이어지는 것으로 보였다. 예나 지금이나 대중들이 고전 문학이나 고전 음악 등을 제대로 감상하기에 소양이 부족한 것은 변함이 없지만, 적어도 예전의 대중들은 고전의 우월성에 대해 부인하려들지는 않았다. 하지만 이제 대중들은 그들이 즐길 수 없는 작품에 대해 더 이상 권위를 인정하려 들지 않았다. 투표나 지지도와 같은 대중적 결정에 의해 작품을 평가하고 인정하고자 했다.

문화의 대중민주주의가 가져온 결과는 리비스주의자들에게 참담한 것이었다. 그들은 대중들이 셰익스피어 작품의 사상적 측면은 온전히 이해 못하더라도, 그 정서와 분위기 속에서나마 다소라도 예술의 즐거움을 얻을 수 있었던 문화적 황금 시기는 사라져버렸다고 한탄한다. 대중문화에서 문화의 도덕적이고 미학적인 측면은 사실상 완전히 사장되어버린 것이다. 환상만을 반복해서 꿈꾸게 하는 대중 소설이나 값싼 감정에 호소하는 평준화된 영화 그리고 소비 심리만을 자극하는 내용 없는 광고가 마치 문화의 전부인 양 대중들은 상업적 오락의 수동적 위안에 매몰되어 갔다. 대중들은 그 거짓된 위안 속에서 현실을 직시하지 못하고 '대리 인생'에 빠져 헤어날 줄 모르게 되었다.

리비스주의자들은 대중문화를 철저히 부정한다는 점에서 아놀드와 통하고 있다. 뿐만 아니라 문화와 고급 문화를 동일시하기는 하지만 상류층 문화 역시 비판의 도마 위에 올린다는 점에서도 이 둘은 서로 상통한다. 이들의 연구는 대중문화에 대한 최초의 비평적 분석이라는 학문사적 업적도 있지만, 반면에 "'문화'가 없는 사람들의 '문화에 대한' 문화적인 사람들의 담론"이라는 지평의 한계도 동시에 지니고 있다.[8] 이들은 대중적 삶과는 거리가 먼 사람들이었으며, 대중문화에 대해 애정이 없는 외부인이었다. 이들의 엘리트 의식은 이들로 하여금 연구 대상과의 거리를 좁히지 못하게 만들었을 뿐 아니라

---

8) 그래엄 터너, 『문화연구입문』, 58쪽.

그 필요성조차 느끼지 못하게 하였다.

그러나 부정 일색으로 가득 찼던 대중문화 연구의 기류는 차츰 변하기 시작한다. 특히, 전후 영국에서 국가 재건의 일환으로 실시된 교육 기회의 확충은 정치 사회 영역에서 뿐 아니라 대중문화의 영역에서도 중요한 사건이었다. 고등 교육의 기회가 노동자 출신에게도 주어지면서, 대중문화를 자기와는 상관없는 것으로 보고 거리를 유지하던 시각에 하나 둘씩 변화가 생겨나기 시작했기 때문이다. 무엇보다 '문화주의(Culturalism)'라 불리는 일군의 학자들이 나타났다. 노동자 출신이 많았던 이들에게 대중문화는 '다른 자'들의 문화가 아니라 '우리'들의 문화였다. 이들 중에는 예컨대 팝 음악을 듣는 것에 대해 전혀 반감을 느끼지 않을 뿐 아니라 팝의 매력을 즐기는 학자도 적지 않았다.[9]

문화주의자들은 대중문화가 끼치는 영향에 대해 진지하게 고민하고 연구하기 시작했다. 이들 중에서도 리처드 호가트(Richard Hoggart)의 경우는, 대중문화를 특히 '대중 미학'과 '대량 문화의 조작적인 힘'이라는 두 측면에서 조명하였다.[10] 그는 이를 통해 대중문화의 생산적

---

9) 존 스토리, 『문화 연구와 문화 이론』, 99쪽.

인 면과 소모적인 면을 각기 특징적으로 보여주고 있다.

먼저 대중 미학은 대중문화에서 자생적이고 긍정적인 부분과 관계한다. 대중들의 평범한 일상이 갖는 자잘한 세부에 대한 관심이나, 이미 알고 있고 익숙한 것들에 대한 좀더 깊이 있는 발견이 대중 미학의 특징이다. 대중 미학은 고급 미학과 달리 '탐구하기'보다는 '보여주기'에 주력하는 취향이다. '평범한 생활이 진짜 재미있는 것'이라는 전제에 기반한다.[11]

별것 아니지만, 아이들의 생일잔치를 소소하게 준비하고 직접 기획하면서 어른들은 활기에 넘치고 아이들은 덩달아 신이 났다. 노동자의 집 뜰은 다들 볼품없고 비좁았지만 날씨 좋은 휴일이면 이 집 저 집 돌아가며 동네 사람들이 모여, 어른들은 어른들대로 아이들은 아이들대로 먹고 마시고 웃고 떠드는 가운데 한여름 밤이 저물어 갔다. 대중 미학에서 우리는 노동 계급과 대중들이 자신들의 삶에서 일구어내는 나름대로의 '풍요'와 '충만'을 엿볼 수 있으며 그들만의 강한 공동체 의식을 느낄 수 있다. 사람들은 이러한 대중미학관이 깃든 주체적인 대중

10) 같은 책, 71-80쪽.

11) 같은 책, 73쪽.

문화에서 많은 희망과 가능성을 보았다.

노동 문화를 중심으로 하는 초기의 대중문화는 소수층에 의해 주도되던 '고급 문화'의 그늘로부터 벗어나서 독자적인 영역을 개척하였다. 이 시기의 대중문화는 한편으로는 고유의 '민속 문화'와 구분되면서도 다른 한편으로는 유기적 공동체의 문화적 생산물이 갖는 삶의 밀착성을 잃지 않고 있었다. 삶과 노동이 유리되지 않은 채 밀접한 연관을 가지면서 생활의 활력을 불어넣는 건강한 공동체 의식이 살아 있었다. 노동자들은 일과 후 단골 주점에서 삼삼오오 모여 술을 마시며 시끄럽게 떠들어대거나 지저분한 농담을 즐겼다. 노래를 부르고 카드놀이나 도미노 게임 등을 즐기면서 그들의 스타일과 문화가 만들어져 갔다. 그들은 때로 휴일에 동료들과 함께 근처 교외로 놀러갔다. 그들의 아낙들은 아낙끼리 모여 아이스크림이나 음료수를 사먹으며 누가 누구와 눈이 맞았다는 식의 수다를 떨고, 아무것도 아닌 시시껄렁한 일이지만 서로 야단법석을 떨며 신나서 한바탕 웃어대며 휴일의 오후를 즐겼다.

그러나 이런 초기의 독자성과 활력은 차츰 빛을 잃어가기 시작했다. 그 배후에는 무엇보다도 제2차 세계대전

이후 식민지 개척을 통한 외부의 시장 개척에 한계를 느끼게 된 자본주의가 있었다. 그들은 식민 경영이라는 제국 자본주의의 외적 팽창에 경종이 울리자 국내 시장으로 눈을 돌렸다. 기존에 존재하지 않았던 소비를 새롭게 창출하는 내부 시장 개척에 열을 올렸으며, 이때부터 자본 시장은 내적 팽창의 길을 걷기 시작했다. 팽창의 길에 문화를 상품화하는 것은 가장 효과적인 수단이었다. 여자들은 너도나도 화장을 하기 시작했고, 아이들은 친구들과 함께 놀기보다는 장난감을 가지고 시간을 보내기 시작했다. 그 결과 대중들은 상업자본주의가 만들어낸 문화 상품의 소비자로서 문화자본주의의 영역에 새롭게 편입되었다.[12] 노동자들은 텔레비전의 스포츠 중계를 보느라고 더 이상 함께 모여 카드놀이를 즐길 수 없게 되었다. 그들의 아낙들은 드라마를 보면서 광고에 나오는 싸구려 유행 상품을 사느라, 휴일이면 함께 교외에 나가 나른하고 유유자적한 하루를 보내던 일이 섬섬 느물어졌다. 아이들은 만화를 보기 위해 텔레비전 앞에 앉았으며, 더 이상 밖에 나와 시끄럽게 뛰놀지 않았다.

이로써 대중문화는 상업적 대량 문화의 조작적인 힘에

12) 문현병, 『현대 문화와 문화 산업』, 129쪽.

휘둘리며 차츰 문화적 상실의 경험이 되어갔다. 노동과 여가는 서로 분리되었다. 여가는 더 이상 다음의 노동을 위한 '재충전'이 아닌, 또 다른 '방전'의 시간을 의미했다. 적극적인 참여와 상당한 시간과 에너지의 투자를 통해 얻을 수 있었던 충만하고 건강한 즐거움들이 값싸고 수동적인 대량 오락으로 대치되어 소멸해갔다. 호가트에 따르면, 이러한 수동적인 대량 오락은 "든든한 식사의 만족감을 주지 않으면서 굶주림만 잠시 잊게 하는" 멀건 죽과도 같은 것이었으며, "사탕발림된 이상한 나라"에의 초대였다.[13] 이 사탕발림된 희한하고도 공허한 나라에서 상업자본주의가 창조하고자 하는 바로 그런 인간으로 대중들은 거듭나고 있었다. 단돈 몇 달러의 입장료만 지불하면 수백만 달러를 들여 만든 영화를 보면서 저녁 시간을 값싸고 편리하게 때울 수 있게 되자, 많은 젊은이들이 수동적이면서 찰나적인 상업 문화의 쾌락에 빠져들었다. 사람들은 생각도 없고 방향도 없이 순응에 길들여진 노예같이 점점 기계적인 인간이 되어갔다.

호가트는 무엇보다 주목하고 경계해야 할 것으로 다음과 같은 사실을 지적한다. 그것은 이 새로운 인간형의 등

---

13) 존 스토리, 『문화 연구와 문화 이론』, 77쪽.

장이 사회의 예외적이거나 단편적인 현상이 아니라 앞으로 다가올 전반적인 변화에 대한 전조라는 사실이다. 무엇보다도 문제의 심각성은 이 새로운 인간형의 등장이 "인구의 대부분이 텔레비전 수상기나 포스터, 영화 스크린에 눈을 고정한 채 순종하며 모든 것을 수용하는 수동적인 상태에 빠진" 사회의 도래를 알리는 예시적인 징후라는 데 있다.14) 이와 같은 맥락에서 호가트에게 상업적 자본주의의 배후 조정에 놀아나는 대중문화의 가장 큰 문제점은 취향이 저질화되어 간다는 데 있지 않다. 저질화는 적어도 살아 있고 생생한 것이기 때문에 그렇게 나쁘지만은 않았다. 문제는 언제 어디서나 쉽게 얻어지는 말초적 자극과 그에 대한 중독이었다. 끊임없이 제공되는 자극은 취향을 무디게 만들 뿐 아니라 마침내 취향 자체를 없어버려 결국 "이건 가짜잖아"라는 생각조차 못하게 만든다.15)

이와 같이 강도 높은 비판에도 불구하고 호가트를 비롯한 문화주의자들은 대중문화의 앞날을 무조건 비관적으로 바라보지 않았다. 그들이 비난하는 대상은 대중문

14) 같은 책, 79쪽.

15) 같은 책, 77쪽.

화의 생산자들이지 대중문화의 소비자인 대중이 아니었다. 그들은 상업자본주의에 의해 잠식되기 이전의 대중미학에서 볼 수 있었던 삶의 '풍요'와 '충만'을 기억하며 대중들에 대한 믿음을 버리지 않았다. 문화주의자들은 대중들이 결코 그들이 즐겨보는 그렇고 그런 스토리의 대중 소설이나 빤한 내용의 상업 영화에 대한 취향만큼이나 그렇게 상상력이 빈곤한 삶을 살고 있지는 않다고 확신하고 있었다.16)

문화주의자들 가운데에서도 특히 스튜어트 홀(Stuart Hall)과 패디 화넬(Paddy Whannel) 같은 학자들은 밀려오는 상업적 대중문화에 대한 좀더 적극적인 대응 방안을 모색한다. 상업적 대중문화의 막강한 영향력과 그것이 드리우는 긴 그늘에 대해 넋 놓고 한탄만 할 것이 아니라, 대중들의 주체적 수용 능력을 길러주는 것이 무엇보다도 급선무라고 주장한다. 그들이 이렇게 주장할 수 있는 데에는 대중문화에 대한 대중의 수용이 그렇게 몰지각하지도 무비판적이지도 않다는 믿음이 깔려 있다. 이에 따르면 대중들은 이미 소화되기 쉽게 만들어져 더 이상 씹을 것도 없는 문화 텍스트를 알아본다. 또한 이러

---

16) 같은 책, 79쪽.

한 텍스트와 해석이나 감상을 요구하는, 텍스트와 수용자 간에 상호 교류가 존재하는 문화 텍스트를 구분할 줄도 안다. 뿐만 아니라 상호 교류의 문화 텍스트가 이미 소화되어 나온 문화 텍스트보다 더 좋은 것임을 직관적으로 알고 있다. 말하자면 대중들은 할리우드 빌리 와일드 감독의 영화 「뜨거운 것이 좋아」를 즐겨 보면서도 스웨덴의 잉그마르 베르히만 감독의 영화 「제7의 봉인」이 더 좋은 영화로 쳐준다는 것도 알고 있다. 그리고 왜 이렇게 평가가 갈리는지에 대한 이유도 말로 표현할 수 없는 직감적인 것이라 할지라도 다들 알고 있다.

홀과 화넬은 대중문화를 하나로 싸잡아서 이야기하지 않는다. 대중문화에도 '좋은' 문화가 있고 '나쁜' 문화가 있다고 말한다. 고급 문화 대 대중문화, 이에 따른 고급 문화는 좋은 문화, 대중문화는 나쁜 문화라는 고전적 이분법에서 벗어나서 대중문화 안에서도 가치의 차이가 있다고 주장한다.[17] 그러나 이런 가치의 차이가 반드시 우월함과 열등함의 차이는 아니라고 본다. 만족의 종류가 다르기 때문에 생기는 가치의 차이일 뿐이다. 그들은 대중문화 안에서도 좋은 문화와 나쁜 문화를 나누기는 했

17) 같은 책, 93쪽.

지만 이것이 반드시 질적 차이만을 이야기하고 있는 것은 아니다. 오히려 서로 가치가 다른 문화의 종류에 대한 구분이라고 보는 편이 더 적절할 것이다. 물론 이러한 해석이 다소 모호하게 들리는 것은 사실이다. 그러나 홀과 화넬의 이러한 시각은 대중문화에 대한 좀더 섬세하고 깊이 있는 분석을 가능하게끔 분석의 틀을 넓혀주는 효과를 가져온다. 그리고 그들이 무엇보다도 하고 싶었던 이야기인 대중들의 문화에 대한 훈련과 교육을 좀더 의미 있는 것으로 만들어준다.

소수에 의하여 일방적으로 규정되는 위에서부터의 문화가 아니라 대중들의 자발적 참여에 의해서 밑에서부터 만들어지는 문화, 그리고 이러한 대중적 참여를 좀더 적극적으로 유도하는 문화가 있다. 이러한 문화를 위해서 홀과 화넬은 대중문화에 대한 지각 있는 수용을 길러내는 대중에 대한 교육과 훈련이 중요하다고 본 것이다. 그들은 아놀드와 리비스주의자들과는 달리 의식 있는 소수의 엘리트에게 대중문화에 저항하라고 말하지 않았다. 그 대신에 대중들에게 대중문화에 저항할 것을 요구한다. 그들은 "우리가 진정한 대중문화를 재창조하고자 한다면 바로 현존하는 사회에서 성장점을 찾아내야 한다"

고 역설하며 이로써 대중문화 연구에 또 다른 시사점을 던지고 있다.[18]

대중문화가 단지 사탕발림된 이상한 나라에의 초대가 아닌 삶의 진정성이 드러나는 미학적 경험이 되기를 기대하는 사람들은 단지 문화주의자들만은 아닐 것이다. 많은 사람들이 좋은 가요나 좋은 영화를 기대한다. 예컨대 고성 오광대의 탈춤에서 당시 대중들이 맛보았을 그런 걸쭉한 해학과 풍자를 오늘날 대중문화에서 맛보고 싶고, 그 미적 경험을 삶의 '풍요'와 '충만'으로 잇고 싶은 바람은 대중들 누구에게나 있다. 그러나 이를 위해서는 무엇보다도 대중문화에 대한 대중의 지각 있는 수용이 밑거름이 되어야 할 것이다.

---

18) 같은 책, 94쪽.

제 4 장
문화는 경험의 내용인가 형식인가?
— 구조주의

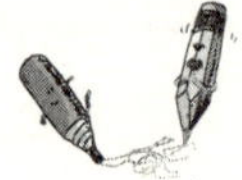

앞 장에서는 주로 영국의 전통에서 이루어진 문화 연구 이론을 살펴보았다. 이들 이론들은 여러 가지 면에서 각각 상이한 특징들을 보이며 서로 충돌하기도 한다. 그럼에도 불구하고 이들 연구를 영국의 전통이라는 이름으로 묶어서 프랑스적 전통의 문화 연구와 명확하게 구별할 수 있다. 영국적 전통이 '경험'을 강조하고 있다면 프랑스적 전통은 '구조'에 초점을 맞추고 있기 때문이다.

영국의 문화 연구는 일반적으로 개인적 경험과 그 경험의 구체적 내용을 중시한다. 이러한 특징은 문화주의에서 더욱 선명하게 나타난다. 반면에 프랑스적 전통의 문화연구자들은 경험의 구체성에 관심을 가지지 않는다. 대신에 그들은 한 걸음 물러나서 경험을 구성하는 일반적인 과정에 초점을 맞춘다. 이러한 접근 방식을 흔히 '구조주의(Structuralism)'라고 부른다. 말하자면 문화주의와 구조주의의 차이는 전자가 직접적이고 경험적인 데 비해 후자는 이론적이고 추상적이라는 데 있다. 이에 따라 문화주의는 역사의 사실적인 성격을 강조하고 있는 반면에 구조주의는 비역사적인 방식으로 문화 연구를 진행시킨다.

문화를 바라보는 방법과 관심에서 문화주의와 구조주의가 이렇듯 서로 다르다보니 이들 간에 벌어지는 논쟁도 서로 첨예한 대립을 보여주곤 하였다. 특히나 구조주의 이론이 수입되고 나서 영국에서 벌어진 자생적 문화주의 대 외래적 구조주의 논쟁의 경우, 격렬한 비판이 때때로 서로에 대한 비방으로 치닫기도 했다. 문화주의자들은 구조주의자들이 이론에만 치우쳐 있다고 비난했으며, 구조주의자들은 문화주의자들이 이론에 너무나도 무지하다고 몰아붙였다. 이 비난에 따르면 문화주의자들은 구체적인 경험에만 매달리다보니 쓸데없이 개인적인 것에 시간을 허비하고 있으며, 구조주의자들은 지나치게

추상적이며 경직되어 있어 복합적인 문화의 역동성을 제대로 이해하지 못하고 있다는 것이다.[1)]

그러나 우리가 굳이 이러한 논쟁이나 비난들 중 어느 한쪽의 주장에 손들어줘야 할 이유는 없다. 오히려 우리는 이 양자 간의 갈등에 대해 일정 정도 거리를 유지할 필요가 있다. 이들의 갈등을 학문의 방법론을 둘러싼 주도권 싸움이라고 볼 수도 있다. 아니 그보다는 이러한 논쟁을 이론들의 자기 발전 과정으로 이해하는 것이 더 좋을 것이다. 활발한 비판을 통해 이론들은 스스로의 한계를 깨닫고 이를 극복하려고 노력하기 때문이다. 우리는 다만 이러한 이론과 논쟁을 조망함으로써 스스로 문화에 대해 무엇인가를 생각해보고 문화에 대해 나름대로의 그림을 그릴 수 있으면 된다.

가장 단순한 시각에서 문화는 두 가지 방식으로 이해될 수 있다. 한편으로는 보편적인 차원에서, 다른 한편으로는 다원적인 차원에서 문화를 바라볼 수 있다. 보편적인 차원에서 문화는 '총체적인 삶의 방식'이라 할 수 있다. 이러한 방식에서 문화는 인간이 갖는 제도와 생활의 실천 모두를 뜻한다. 반면에 다원적인 차원에서 문화는

---

1) 그래엄 터너, 『문화연구입문』, 87-88쪽.

여러 삶의 방식들에 존재하는 '차이'를 중심으로 이야기된다. 하지만 문화를 이 두 차원 중 어느 하나로만 한정해버릴 수는 없다. 문화는 두 가지 차원을 동시에 지니고 있다. 문화는 인간의 삶과 행위에서 보편적으로 존재하는 구조나 범주며 동시에 특정한 시간과 공간에서 벌어지는 구체적인 경험 내용이다. 문화는 보편적이면서 다원적이다.

그렇기 때문에 문화주의와 구조주의의 갈등에서 이 둘을 서로 배제해야만 하는 이론으로 보아서는 안 된다. 이 둘은 상대방을 필요로 할 뿐 아니라 서로 보완해주면서 각자의 제한된 부분을 채워나가게 된다. 문화에 대한 좀 더 포괄적인 연구는 문화주의적 접근 방식도 필요로 하고 구조주의적 통찰도 요구하고 있다. 문화라는 복잡한 현상을 하나의 이론적 방향 안에서 완전하게 설명할 수 있다고 생각한다면 그거야말로 학문적 오만일 것이다.

그런데 우리는 앞서 문화주의에 대해서는 대략 살펴봤지만 구조주의에 대해서는 아직 모르고 있다. 지금 이야기하고 있는 구조주의란 도대체 어떤 것을 가리키는 것일까? 구조주의는 다양하고 넓은 스펙트럼을 가지는 사상적 조류며 많은 학자들의 연구를 포괄하고 있다. 그럼에도 구조주의자들은 스위스의 언어학자인 페르디낭 드 소쉬르(Ferdinand de Saussure : 1740~1799)의 이론적 연구에서 시작한다는 공통점을 지니고 있다. 구조주의의 대표적 학자들은 알다시피 거의 프랑스인들이다. 이들은 구조주의에서부터 후기 구조주의에 이르는 넓은 사상적 변이를 보이는데, 대체로 인류학의 클로드 레비-스트로스, 문화 연구의 롤랑바르트, 철학의 미셸 푸코, 심리 분석의 자크 라캉 그리고 마르크스주의 이론의 루이 알튀세르 등이 유명하다.

구조주의가 무엇인지 이해하기 위한 가장 빠른 길은 구조주의자에게 영향을 끼친 소쉬르가 만들어낸 개념들을 살펴보는 것이다. '기호'라는 개념은 그 중 하나며 문화 연구에 중요하게 쓰이고 있다. 기호는 언어와 언어 이외의 것을 함께 포괄하는 개념이다. 예를 들어 우리는 무엇인가에 대한 절실하고 애틋한 마음을 '사랑'이라는 언어로 표현할 수도 있지만, '♥'와 같은 표식으로도 표현이 가능하다. '사랑'이나 '♥'는 둘 다 기호에 속한다. 길거리의 교통표지판도 일종의 기호다.

소쉬르는 이러한 기호에 대한 이론을 발전시킨 사람이다. 그는 기호가 문화적 현상이라고 주장한다. 이 주장은 기호가 자연적인 것이 아니며 결코 인간으로부터 독립해서 존재하는 무엇이 아님을 뜻한다. 기호란 인간의 사고, 행위 그리고 삶의 방식 등에 어떠한 형식으로든지 연관되어 있다. 기호는 본래적으로 주어지는 것이 아니라 문화 속에서 그 의미가 생성되는 인위적인 것이다. 기호의 의미는 '관계들의 체계'를 통해서 만들어진다. 이 체계는 반대와 대조를 통해서 기호에 대한 의미를 생산해낸다. 예컨대 '사랑'이란 기호의 의미는 미움도 아니고 질투도 아니다. 우정이나 존경과도 다르며 소유나 집착은 더더욱 아니다. 사랑의 의미는 이렇듯 반대나 대조를 통해서 만들어지며 비교를 통해서 더욱 뚜렷해진다.

소쉬르는 기호를 두 개의 부분으로 나눈다. 한 부분은 기호의 '물리적인 형태'를 지시하고 다른 부분은 기호의 '정신적인 연상'을 가리킨다. 예를 들어 기호 '사람'은 단어로서 '사람'을 의미하기도 하지만 동시에 살아 숨쉬는 '사람'을 의미하기도 한다. 다시 말해서 기호 '사람'은 한편으로 '자람'이라든지 '사랍'이라고 써서는 안 되는 단어 '사람'으로서의 물리적인 형태를 갖고 있다. 그리고 다른 한편으로 직립 보행하며 개나 고양이와 달리 식당에 출입할 수 있으며 그 존엄성이 훼손되어서는 안 되는 사람이란 존재에 대한 정신적 연상을 갖는다. 소쉬르는 기호의 이러한 물리적인 형태를 '기표(signifiant)'라는 개념으로 부르고 그 정신적인 연상은 '기의(signifié)'라고 부른다. 기호 '사람'의 경우 '사람'은 단어로서 기표(記表)지만 존재로서 기의(記意)다. 기표로서의 사람과 기의로서의 사람이 합쳐져 기호 '사람'을 이룬다.

소쉬르는 무엇보다도 기표와 기의의 관계에 주목한다. 그가 보기에 이 둘의 조합은 전적으로 인위적이다. 우리는 생물로서 살아 숨쉬는 사람을 지금처럼 '사람'이라 부르지 않을 수도 있다. 어쩌면 '기계'라 부를 수도 있고 심지어 '유전자연합체'라 부를 수도 있다. 사람을 '사람'이라 부르는 것은 단지 관습적인 것이고 문화적 동의에 따른 것이다.[2] 기표와 기의의 관계는 본질적인 어떤 힘이 작용하고 있어 서로 떼려야 뗄 수 없는 그런 관계가 아니다. 따라서 기표와 기의의 상관 관계에서 만들어지는 기호의 의미도 결코 절대적이지 않으며 상당히 가변적이다. 이러한 사실은 기호 중에서도 사회적인 성격이 좀더 상한 기호에서 더욱 뚜렷이 나타난다.

교통 신호 체계를 예로 들어보자. 빨강은 정지를 의미

---

2) 존 스토리, 『문화 연구와 문화 이론』, 108쪽.

하며 초록은 진행을 의미한다. 일상 생활에서도 이와 비슷하게 초록색 불은 흔히 안전을 가리키고 빨간색 불은 위험을 가리킨다. 그러나 빨간색 불이라는 기표와 위험이라는 기의 사이의 연관 관계에서 꼭 그래야만 하는 본질적인 것이란 없다. 다만 사회적 약속일 뿐이다. 만약 처음에 약속이 달랐더라면 연관 관계 또한 달라졌을 것이다. 말하자면 빨강이 진행과 안전을, 초록이 정지와 위험을 뜻할 수도 있는 것이다. 실제 증권 회사의 경우 웹사이트상에서 주식 투자자들을 기쁘게 할 주가 상승은 빨간색으로 표시하고 투자자들을 낙심시킬 주가 하락은 파란색으로 표시하기도 한다.

소쉬르가 주장하고자 하는 바는 기호란 '존재하는 어떤 실체'를 그대로 반영하지 않는다는 사실이다. 만약 기호가 존재하는 실체를 반영한다면 기호에는 반드시 실체의 존재가 따라야만 할 것이다. 그렇게 되면 '신'이라는 기호의 존재는 곧 신이 진짜로 존재한다는 것을 의미한다. 하지만 세상에는 신의 존재를 믿는 사람도 있지만 믿지 않는 사람도 있다. 또 이러한 반영론은 '유니콘'이라는 단어가 존재한다는 사실에서부터 뿔이 하나 달린 말의 존재를 실제로 인정해야 한다. 마찬가지로 '용'이라는 단어가 있음으로 해서 실제 '용'이 존재하거나 아니면 적어도 과거에 존재했거나 해야만 할 것이다. 하지만 우리는 유니콘의 실재도 용의 실재도 믿지 않는다.

소쉬르에 따르면 언어의 기능은 실체를 직접적으로 반영하는 데 있는 것이 아니라 실체에 다가가는 접근 방식과 관계한다. 언어는 대상에 대한 인간의 접근 방식을 조직하고 구성한다. 따라서 언어가 다르면 실체에 대한 접근도 달라진다. 예를 들어 같은 시간, 같은 장소에서 눈이 내리는 동일한 현상을 보더라도 우리가 보는 눈과 에스키모인들이 보는 눈은 같지 않다. 우리의 언어는 눈에 관해서 싸리눈, 함박눈, 진눈깨비 등의 비교적 단순한 구분만을 표현하고 있다. 이와 달리 눈에 대한 에스키모인들의 단어는 50여 가지가 넘다. 이는 그들이 눈이라는 실체적 대상을 적어도 50가지 이상의 방식으로 나누어서 볼 수 있다는 것을 의미한다. "아는 만큼 보인다"는 말이 있다. 안다는 것은 곧 그것에 대한 언어를 가지고 있다는 말이다. 우리가 대상을 파악하는 방식은 결국 우리의 언어에 달려 있다.

언어는 고정 불변한 절대적인 것이 아니다. 언어는 문화적이며 역사적이다. 언어의 의미는 시대의 변천과 삶의 조건의 변화에 따라 함께 변화해간다. 이러한 흐름과 변화 속에서 언어의 의미는 대상들 간의 유사 관계와 차이 관계를 조직하면서 만들어진다. 또한 이 관계들의 상호 작용의 결과로 의미가 생성된다. 따라서 언어의 의미는 결정적이지 않으며 언어에 본질적인 의미란 없다. 다만 사회적 규범일 뿐이다.[3)]

기호에 대한 소쉬르의 이러한 비본질적인 생각과 개념들은 구조주의의 전개에 지대한 영향을 끼친다. 구조주의를 이해하는 데 중요한 소쉬르의 개념 중에는 기표와 기의 외에도 '랑그(langue)'와 '파롤(parole)'이라는 개념이 있다. 랑그와 파롤은 두 가지 측면에서 언어를 구분한다. 랑그는 언어의 일반적 체계를 가리키며, 파롤은 언어의 개별적 사용을 나타낸다.

랑그와 파롤에 대한 이해를 돕기 위하여 언어와 축구를 한번 비교해보도록 하자. 모두 알다시피 축구에는 게임 규칙이 있고 또 이에 따른 실제 게임이 있다. 축구의 기본 규칙은 언제나 동일하게 적용된다. 예컨대 경기장에 공은 하나여야 하고 골키퍼 역시 각 팀에 한 명 이상은 허용이 안 된다. 이 규칙은 매우 중요해서 이에 따르

---

3) 같은 책, 109쪽.

지 않고 제멋대로 하는 축구는 축구가 아니라 공 싸움일 뿐이다. 축구를 할 때는 이러한 기본 규칙은 절대적인 것으로 어느 팀이나 지켜야 한다. 축구의 규칙은 매번 동일한 반면에 경기의 수행이나 결과는 게임마다 다 다르다. 게임의 결과는 열려 있다. 공이 다음에 어디로 갈지 어느 팀이 이길지에 대해서는 아무도 장담할 수 없다. 만일 경기 진행이나 결과가 누구나 예측할 수 있을 만큼 빤한 것이라면 아무도 축구 경기에 열광하지 않을 것이다. 게임에서의 긴장과 재미는 결과를 알 수 없다는 바로 그 점에 있다.

축구에서 실제 경기는 언어에서 파롤에 해당하고 경기 규칙은 랑그에 해당한다. 파롤은 개별적인 언어의 수행이며 우리가 서로 말을 주고받고 하는 실제 의사 소통을 가리킨다. 이에 반해 랑그는 의사 소통을 수행하고자 하면 반드시 지켜야만 하는 전제들을 가리킨다. 이는 언어에 공통적으로 깔려 있는 구조다. 그런데 재미있는 것은 이 구조에 대한 의미가 의사 소통의 실제적인 수행 안에서만 찾을 수 있다는 사실이다. 또한 구조가 어떤 것인지도 이 수행 과정 안에서만 명확하게 밝힐 수 있다는 사실이다. 이러한 사실들은 역으로도 성립된다. 곧, 모두가 동일하게 공유하는 언어 구조나 체계가 없다면 개별적으로 벌어지는 다양한 언어 사용도 있을 수 없다. 우리가 '언어놀이'를 놀이로 이해할 수 있는 것은 이 구조나 체계에 대한 이해가 있기에 가능하다.

다시 축구의 예를 들어 이 구조를 이야기해보자. 만약에 축구의 기본 규칙이 전혀 지켜지지 않는 그런 경기가 있다면 우리는 이를 온전히 축구 경기라 부를 수 없다. 우리가 축구라 부르는 모든 경기에는 동일하게 적용되는 규칙이 있고, 이러한 규칙이 지켜지기에 개별적으로 벌어지는 다양한 모든 경기들을 축구라는 공통의 이름으로 부를 수 있다. 또한 축구의 규칙을 모른다면 축구를 할 수 없을 뿐 아니라 그것이 무슨 의미를 지니는지도 이해할 수 없다. 당신이 축구의 규칙을 모르면 축구라는 것은 정말 이상한 행동의 연속들로 여겨질 것이다. 사람들이 우르르 몰려다니며 그렇게도 열심히 공을 좇다가도 막상 공을 잡게 되면 곧바로 다른 사람에게로 차 넘긴다. 이게 도대체 뭐하는 짓일까? 이런 행동을 이해하기란 참으로 쉽지 않을 것이다.

축구 경기는 규칙을 알아야 경기를 하는 재미도 알게 되고 보는 재미도 알게 된다. 이와 마찬가지로 언어놀이에도 공통 구조가 있다. 그리고 경기의 수행과 마찬가지로 개별적인 놀이의 수행이 있다. 구조의 동일성은 언어놀이가 다양하게 수행될 수 있도록 보장해준다. 구조주의자들이 특히 관심을 갖는 부분은 바로 이 공통 구조다. 그리고 구조주의자들에게 중요한 것은 언어에서 의미란 본래 주어진 자명한 어떤 것이 아니라, 구조가 만들어낸 선택과 조합이 서로 끊임없이 관계를 맺으며 상호 교류한 결과라는 사실이다. 이는 언어의 의미에서만이 아니라 문화의 의미에서도 마찬가지다. 문화 연구를 하는 데에 구조주의자들의 관심은 개별적 문화 경험이나 문화 사실보다는 문화 경험이나 문화 사실의 의미를 생산해내는 구조에 맞추어져 있다. 그들은 이러한 구조를 인간사 밖이 아니라 안에서 찾는다는 점에서 특징적이다.

이제 구조주의적 문화 해석에 대한 한 예로서 롤랑 바르트(Roland Barthes)의 문화 연구를 잠시 살펴보도록 하자. 문예비평가로 유명한 바르트는 부르주아 규범을 비판하려는 정치적 목적을 가지고 프랑스 대중문화를 분석했다. 그는 이 분석을 통해 일상적인 것들이 그 당연하고 명백한 것처럼 보이는 외피 안에 조작된 이데올로기를 숨기고 있음을 밝힌다. 그리고 그는 이러한 '명백한 것의 허위성(false obvious)'으로서의 이데올로기를 '오늘날의 신화(myth today)'라고 부른다.[4] 장난감이나 가루비누 같은 일상 용품들에서부터 과학에 대한 대중적 이해에 이르기까지 다양한 대상을 상대로 오늘날의 신화를 이야기한다.

그는 이러한 분석에 소쉬르의 기호 모델을 이용한다. 그러나 기표와 기의가 합쳐져 기호가 만들어지는 소쉬르의 기호 모델을 변형 없이 그대로 사용하지는 않는다. 대신에 이를 다시 두 단계로 나눈다. 먼저 우리가 이미 알고 있는 기표와 기의가 합쳐져 기호의 의미가 만들어지는 첫 단계가 있다. 그 다음에 이 기호가 다시 기표가 되고, 이 기표가 또 다른 기의와 합쳐져 이차적인 기호의 의미를 생성하는 두 번째 단계가 있다. 신화는 이 두 번째 단계에서 만들어진다.

예를 들면 '코카콜라'는 하나의 기호다. 이 기호는 기표 '코카콜라'(단어)와 기의 '코카콜라'(더울 때 시원하게 마시는 톡 쏘는 맛을 지닌)가 합쳐져 만들어진다. '코카콜라'는 청량음료를 의미한다. 하지만 코카콜라의 기호적 의미는 청량음료에 한정되지만은 않는다. 단순히 청

4) 같은 책, 118쪽.

량음료만으로 볼 수 없는 또 다른 의미를 지닌다. 코카콜라는 때로는 젊음의 상징으로, 때로는 공격적인 미국적 자본주의의 상징으로 이해되기도 한다. 이렇게 단순한 청량음료를 넘어서 부여된 '코카콜라'의 확장된 의미는 기호 모델의 첫 번째 단계에서 만들어진 기호가 두 번째 단계에서 기표(물리적 형태의 청량음료)가 되고 이에 '젊음의 음료'나 '자본주의의 음료' 같은 기의가 합쳐져 탄생한다. 이 두 번째 단계에서 코카콜라는 오늘날의 신화가 된다.

코카콜라의 신화적 의미를 좀더 선명하게 드러내기 위하여, 문맥이 좀 다른 이야기이긴 하지만 잠시 앤디 워홀(Andy Warhol)의 말을 인용하는 것이 좋겠다. 실크 스크린으로 찍어낸 마릴린 먼로의 판화로 유명한 미국의 팝아트(pop art) 미술가인 워홀은 팝아트와 대중적 소비 관계에 대해 이야기하는 가운데 코카콜라를 잠시 언급한다. 이 언급은 코카콜라가 단순히 코카콜라만이 아님을 잘 보여주고 있다.

> "이 나라 아메리카의 위대성은 가장 부유한 소비자들도 본질적으로는 가장 빈곤한 소비자들과 똑같은 것을 구입한다는 전통을 세웠다는 점이다 이렇게 생각해보자. 즉, 여러

분은 텔레비전을 시청하면서 코카콜라를 볼 수 있는데, 여러분은 대통령 또는 리즈 테일러가 그것을 마신다는 것을 알고 있으며 여러분도 마찬가지로 그것을 마실 수 있다. 콜라는 그저 콜라일 뿐, 아무리 큰돈을 준다 하더라도 길모퉁이에서 건달이 빨아대고 있는 콜라와는 다른, 어떤 더 좋은 콜라를 살 수는 없다. 모든 콜라는 똑같은 것으로 통용된다. 리즈 테일러도 거지도 그리고 여러분도 그 점을 알고 있다."[5]

워홀은 이렇게 미국의 위대성을 대변해줄 수 있는 예로서 코카콜라를 든다. 여기서 재미있는 것은 그가 코카콜라를 누구에게나 똑같은 단순한 청량음료라고 말하고 있지만, 이로써 그는 역설적이게도 코카콜라를 미국적 평등의 위대한 상징으로 만들어버린다는 사실이다.

이제 다시 바르트로 돌아가 기호 모델의 두 번째 단계에서 만들어지는 '명백한 것의 허위성'에 대해 살펴보겠다. 바르트는 이데올로기뿐 아니라 모든 형태의 문화적 사회적 의미 작용이 어떻게 생성되는가를 바로 이 두 번째 단계에서 벌어지는 기표와 기의의 결합과 연관지어 설명한다. 이에 대한 유명한 예로 잡지 『파리마치』의 표지에 관한 해석이 있는데 다음과 같은 내용이다.

---

5) 강준만, 『대중문화의 겉과 속 I 』, 30-31쪽.

"나는 이발소 의자에 앉아 있었고, 『파리마치』 한 부가 내게 권해졌다. 겉표지에 프랑스 군복을 입은 젊은 흑인이 눈을 치뜨고 — 아마도 삼색기의 줄을 향해 — 경례를 붙이고 있다. 이것 모두가 이 그림의 의미다. 그러나 내가 순진하든 아니든 이것이 내게 의미하는 바는 프랑스는 큰 제국이고 프랑스의 아들들은 그 피부색에 상관없이 프랑스 국기 아래서 충실히 복무한다는 것과 또 이 흑인 병사가 소위 '억압자'들에게 봉사하는 열정만으로도 식민주의라는 프랑스의 정책을 비난하는 자들에게 충분한 반격이 된다는 것이다. 그러므로 나는 더 큰 기호학적 체계와 직면한 것이다. 우선 기존의 체계로 형태 잡힌 기표가 있고(흑인 병사의 프랑스 식 경례), 기의가 있으며(프랑스주의와 군국주의의 의도적인 혼합) 그리고 마지막으로 기표를 통한 기의의 존재 그 자체가 있다."[6]

『파리마치』의 겉표지를 장식한 사진은 프랑스 국기에 경례하는 흑인 병사의 모습으로 그 이면에 프랑스 제국주의에 대해 긍정하는 정치적 이데올로기를 숨기고 있다. 이 프랑스 제국주의에 대한 긍정은 『파리마치』가 원래 의도한 바며, 이 사진을 보는 대부분의 독자들은 암암리에 이를 받아들인다. 그렇다면 사람들은 왜 『파리마치』의 의도대로 프랑스 국기에 경례하는 흑인 병사를 당연

6) 존 스토리, 『문화 연구와 문화 이론』, 120쪽.

하다는 듯이 프랑스 제국주의에 대한 긍정으로 연결시키는 것일까?

사실 사람들은 국기에 경례하는 흑인 병사에서 제국주의의 긍정과는 전혀 다른 기호적 의미를 읽어낼 수도 있었을 것이다. 어쩌면 제국주의에 대한 조소를 사진에서 발견할 수도 있었다. 그러나 대부분의 독자들은 그렇지 않았다. 이는 『파리마치』 안에 들어 있는 텍스트들의 내용과도 연관이 있겠지만, 일차적으로는 프랑스 국기에 경례하는 흑인 병사의 사진이 촬영된 방식에 기인한다. 사진은 똑같은 대상을 찍더라도 어떻게 찍느냐에 따라 서로 다른 이미지들을 생산해낸다. 능력 있는 사진작가는 카메라의 앵글과 조명의 변화만으로도 흑인 병사를 충성스러운 프랑스의 아들로도 제국주의의 몽매한 꼭두각시로도 담아낼 수 있다. 그리고 이 사진을 보는 독자들은 만들어진 이미지에 따라 대상을 인식하게 된다.

그렇다면 사람들은 도대체 왜 이미지를 사실로 받아들이게 되는 것일까? 왜 이미지를 사실로 받아들임으로써 이미지가 이데올로기화하는 것을 허용하는 것일까? 이에 대한 바르트의 설명은 명확하다. 사람들이 이미지가 만들어내는 신화를 기호학적 체계로 보지 않고 귀납적 체계로 받아들이기 때문이다. 사람들은 기표와 기의가 일치하는 경험을 보통 사회적 약속의 결과로 이해하지 않는다. 대신에 대상과 그것의 속성으로 해석한다.

우리는 모든 까마귀가 검다고 생각한다. 우리는 '춘천의 까마귀는 검다', '여수의 까마귀는 검다', '서귀포의 까마귀는 검다'와 같은 일련의 개별적인 경험의 축적으로부터 별다른 의심 없이 '모든 까마귀는 검다'는 결론을 내린다. 이러한 도약이 가능한 까닭은 개별 명제에서 보편 명제를 끌어내는 귀납 원리가 이를 허용하기 때문이다. 이 세상의 모든 경험적 보편 명제는 이 귀납 원리에 의해 만들어진다. 그런데 우리의 맥락에서 중요한 사실은 이 귀납 원리가 '까마귀'라는 주어와 '검다'라는 술어의 관계를 어떤 우연적인 관계가 아닌, 대상과 그 속성의 필연적 결합으로 보게 한다는 점이다. 이러한 필연적 관계에서는 까마귀가 검은 이유는 다름아닌 바로 그것이 까마귀이기 때문이다.

사람들은 이와 비슷한 방식으로 신화를 받아들인다. 말하자면 제국주의를 긍정적으로 보도록 만드는 일련의 사회적 경험이 충분히 축적되면, 어느 순간 사람들은 긍정적인 어떤 속성이 제국주의 자체에 있는 양 생각하게 되는 것이다. 그리하여 흑인 병사의 사진에서 제국주의에 대한 긍정의 의미가 읽혀지는 이유는 제국주의란 원래부터 긍정적인 것이기 때문에 그렇다고 믿는다. 물론 이렇게 믿게 되기까지는 역사 속에 여러 과정이 있다. 제국주의의 생성에서부터 그것을 유지하고 견고하게 만들기 위해서는 결코 짧지 않은 폭력과 억압의 시간이 있었으며 또한 이에 못지않은 저항의 시간들이 존재한다. 하지만 제국주의의 승리가 구가되면서 이러한 역사의 흔적은 시간 너머로 서서히 사라져가고 사람들의 일상에서 지워진다. 역사의 흔적이 지워지는 순간, 제국주의는 그 자체로 사실이 되어버린다. 제국주의의 존재는 마치 우리가 밥은 나이프가 아닌 수저로 먹는다고 생각하는 것처럼 자연스러운 일로 여겨지게 된다. 따라서 신화가 조작된 것은 아닌지 아니면 적어도 만들어진 것은 아닌지와 같은 의심을 품지 않게 된다.

이는 신화를 사실의 체계에 연유하는 것으로 받아들이기 때문이다. 신화는 신화가 통하는 시대는 언제나 그래왔던 것처럼 그것이 생성되던 과정에 대한 기억을 없애고서 확고부동한 사실의 지위를 차지할 수 있었다. 바르트는 신화가 사실의 지위를 차지하는 이 과정이 부르주아적 이데올로기가 만들어지는 과정과 동일하다고 본다. 이로써 그가 강조하고자 하는 바는 문화에 대한 기호학적 해석이 이러한 왜곡 과정에 대한 인식을 우리에게 줄 수 있다는 점이다. 적어도 기호학적 해석이 신화를 신화로서, 이데올로기를 이데올로기로서 인식할 수 있도록 구조와 틀을 제공한다는 점이다.

소쉬르와 바르트가 기호론의 전개와 더불어 가졌던 공통 관심은 문화적이고 사회적인 의미를 만들어내는 '문법'을 알아내는 것이었다. 그리고 이를 통해 문화적 사회적 기호의 의미란 언어의 내재적 구조가 만들어낸 조합에서 생겨나며 이 조합이 끊임없이 상호 관계를 맺은 결과임을 밝히는 데 있었다. 구조주의는 이와 같은 규명과 더불어 열리는 지배적인 주류 문화에 대한 비판적 시각만으로도 충분히 현대 문화론의 발전에 공헌한다고 평가받을 수 있을 것이다.

제 5 장
환상이 더 현실적인가 현실이 더 현실적인가?

'친근의 환상(illusion of intimacy)'이란 말이 있다.[1] 거리나 음식점 같은 데서 예기치 않게 텔레비전에서 자주 보던 스타와 바로 코앞에서 마주치게 되었다고 생각해보자. 무척 반갑고 기쁠 것이다. 마치 잘 알고 있는 사람을 만난 것처럼 말이다. 그런데 나는 이렇게 반가운데 스타는 전혀 그렇지 않다. 당연하다. 스타에게 나는 낯선 사람이니까.

텔레비전이나 영화를 보고 있으면 마치 스타와 마주하고 있는 것 같은 기분이 든다. 텔레비전을 보는 장소가

---

1) 강준만, 『대중문화의 겉과 속 I』, 76쪽.

보통 거실이나 침실 등 편안하고 친밀한 공간이라는 사실은 더욱 그런 기분이 들게 만든다. 아마 사람이 붐비는 역 대합실에서 주로 텔레비전을 보게 된다면 스타를 그렇게 친밀하게 느끼지는 못할 것이다. 영화관은 사적 공간은 아니지만 모든 것이 스크린과 관객 사이에 거리를 최대한 없애기 위해 특별히 만들어진 공간이다. 스크린 외의 모든 조명이 꺼지고 외부 소음마저 완전히 차단된 채 관객과 스크린만 존재하는 공간이다.

사람들은 자신이 텔레비전 화면이나 스크린을 보고 있다는 것을 분명히 알면서도, 어느새 그 간격에 대해 잊어버리거나 그 간격에 아랑곳하지 않을 만큼 깊숙이 빠져든다. 카메라를 똑바로 바라보는 스타들의 뛰어난 시선 처리는 이러한 착각을 의도적으로 유도한다. 관객을 유혹하는 것이 바로 스타의 직업이기도 한다. 스타에 대한 '친근의 환상'은 일반적인 현상이다. 매스미디어의 시대에서 많든 적든 누구나 겪는 극히 평범한 경험이기도 하다.

하지만 '친근의 환상'이 때로는 우스꽝스러운 결과를 가져오기도 한다. 스타에게 구혼의 편지를 보낸다든지, 텔레비전에서 악역을 맡은 배우에게 더 이상 못된 짓을 하지 말 것을 경고한다든지, 의사나 변호사, 탐정 등의 전문직 배역을 맡은 사람들에게 조언을 구하는 편지를 쓰는 일이 일어난다.[2] 샌 안토니오의 게리 쿠퍼 팬클럽(Gary Cooper's Fan's Club of San Antonio)은 「디즈 씨 시내에 가다」라는 영화에서 근사한 정치적 태도를 보여준 게리쿠퍼를 1936년의 대통령 선거에 출마시키려고 시도하기도 했다.[3] 이러한 일련의 우스운 또는 웃지 못 할 예들은 '친근의 환상'이 텔레비전이나 영화에서 본 가상을 실재와 혼돈하게끔 만들면서 벌어지는 사건들이다.

심지어 이 '친근의 환상'이 극단적으로 흐를 경우 불행한 결과들을 초래하기도 한다. 예컨대 1986년에 일본에서 신드롬을 일으키던 가수 오카다 유키코가 투신 자살하자 31명의 10대들이 따라서 동조 자살한 사건이 있었다.[4] 이 사건은 그해 일본 사회를 경악으로 몰아넣었다. 그 해 일본에서는 783명의 10대들이 자살했는데, 이는 전년보다 50% 이상 증가한 수치였다. 우리나라에서도 2005년에 배우 이은주의 자살 이후 유사한 형태의 자살이 빌생했던 적이 있다. 이러한 동조 자살은 '친근의 환상'이 도를 넘어서서 스타와 나를 동일시하는 현상으로 발전하

---

2) 존 스토리, 『문화 연구와 문화 이론』, 237쪽.

3) 에드가 .모랭, 『스타 : 스타를 통해본 대중문화론』, 54쪽.

4) 『국민일보』, 2005년 3월 23일.

면서 발생하는 것이다. 이를 '베르테르 효과'라고 부르기도 하는데, 괴테의 소설 『젊은 베르테르의 슬픔』에서 유래한다. 소설에서 주인공 베르테르는 로테와의 이루어질 수 없는 사랑 때문에 권총 자살로 생을 마감한다. 이 책이 출판되자 당시 유럽의 많은 젊은이들은 베르테르의 비극을 동정하고 공감하였다. 소설의 인기와 더불어 실연의 슬픔을 자살로 마감하는 젊은이들 또한 급증하게 되었고, 그 후 '베르테르 효과'는 유명인의 죽음을 자신과 연관지어 동조 자살하는 현상을 가리키는 말이 되었다.[5)]

'친근의 환상'은 스타 숭배 현상의 한 단면이지만, '환상'은 현대 사회와 현대 매스미디어에 널리 펴져 있는 가장 보편적인 현상의 상징적인 단면이다. 부어스틴의 말처럼, "우리는 환상에 너무 익숙해진 나머지 현실과 환상을 혼동"한다.[6)]

친　구 : 어머나! 네 아기 너무 예쁘게 생겼구나!
아기엄마 : 실물은 아무것도 아냐, 얘. 우리 애 사진을 보면 넌 더 놀랄 걸?[7)]

---

5) 최창호, 문화 칼럼 「이은주의 죽음과 베르테르의 슬픔」, 『데일리서프라이즈』, 2005년 3월 9일.

6) 다니엘 부어스틴, 『이미지와 환상』, 24쪽.

장 가뱅은 "내가 실생활에서도 영화에서도 똑같다고 사람들은 말하는데, 그들이 나를 좋아하는 이유도 그 때문이다"라고 말한다.[8] 그의 말만으로 그가 실제로도 영화에서 비친 모습과 똑같은지 알 수 없지만 한 가지는 확실하다. 사람들이 영화 속의 그와 실제의 그를 구별하고 싶어하지 않는다는 것이다. 그리고 그는 사람들의 기대를 저버리지 않았다. 스타가 대중문화와 현대 사회의 새로운 우상으로 등장하면서, 스타는 다만 배역을 연기하는 사람이 아니라 배역의 매력과 환상을 그대로 간직한 사람이어야만 했다. 1916년에 만들어진 영화 「로미오와 줄리엣」에서 주연을 맡았던 두 남녀 주인공들은 실제 부부 사이였으나 영화의 로맨스를 망치지 않기 위해 이 사실을 끝까지 비밀에 부쳤다.[9]

에드가 모랭은 스타를 하나의 '신화'라고 말한다.[10] 그는 배우와 스타를 구별한다. 그가 말하는 배우와 스타의 차이는, 배우는 영화가 끝나면 본래의 자기로 돌아오지만 스타는 그렇지 않다는 것이다. 배우는 자신과 배역을

---

7) 같은 책, 27쪽.

8) 에드가 모랭, 『스타 — 스타를 통해 본 대중문화론』, 54쪽.

9) 다니엘 부어스틴, 『이미지와 환상』, 222쪽.

10) 에드가 모랭, 『스타 — 스타를 통해 본 대중문화론』, 59쪽.

혼동하지 않고 또 혼동하지 않을 수 있지만, 스타에게서 이 경계는 희미해진다. 배우는 스크린에서만 그 배역으로 살면 되지만, 스타는 영화의 막이 내려져도 그 배역으로부터 자유롭지 못한다. 모랭은 마를렌느 디트리히를 가리켜, 그녀는 연기 잘하는 여배우가 아니라 프리네와 같은 신화라고 말했다. 프리네는 미모와 학식 그리고 부로 유명했던 고대 그리스의 고급 창녀다. 이와 비슷하게 신격화된 스타는 성스러운 창녀와 같은 존재다. 모두의 것이면서도 그 누구의 것도 아니기 때문이다.

신화 속에 나오는 신격화된 영웅들은 헤라클레스나 아킬레스처럼 대개가 신과 인간의 혼성물이었다. 그 영웅들처럼 신격화된 스타도 하나의 혼성물이다. 스타는 자기 자신이면서 동시에 그들이 맡은 배역이다. 스타는 현실이면서 환상이다. 영웅은 초인적인 힘으로 신격화되지만 스타는 아름다움으로 신격화된다. 스타에게서 아름다움은 부차적인 특성이 아니라 가장 중요한 본질적인 특성이다.[11] 아름다움은 스타에게 필요 조건이자 충분 조건이다. 스타는 완전히 무표정할 수 있다. 감정이 드러나지 않는 무표정은 아름다움의 절정으로 표현된다. 나머

11) 같은 책, 61쪽.

지는 영화감독과 영화 기술의 몫으로, 카메라에 의해 스타는 우상이 된다.

이상적인 미를 만들어내기 위해 스타의 얼굴에 칠해진 두껍고 완벽한 메이크업은 스타를 몰개성화시킨다. 동시에 이 몰개성화는 바로 스타의 인격이고 스타만의 개성화다. 스타의 아름다움은 그 자체로 감동이고 연기이기 때문이다. 아름다움은 영화의 언어이고 영화의 배우다.[12]

모랭은 아름다움 하나만으로 신화가 될 수 있는 스타라는 존재를 신앙과 오락의 중간에 세운다.[13] 그는 스타에 대한 신격화를 아직 완성되지 않은 미완의 종교 같은 것이라 말한다. 스타 숭배를 현대 속의 중세 현상과도 같다고 특징짓는다. 물질 문명과 계산적 이성이 지배하는 영역에 주술적 세계가 같이 공존하는 것이다. 물론 영화를 보는 관객들은 무엇이 스펙터클이고 무엇이 실생활인지 잘 구분할 수 있다.[14] 일부 지식인들이 우려하는 것처럼, 관객들은 '쌈빡한' 폭력 영화 한 편을 보고서 이에 심취되어 길거리에서 칼을 휘두르는 바보가 아니다. 하지만 영화적 환상과 현실의 구분이 스타에 이르러서 만큼

12) 같은 책, 168-169쪽.

13) 같은 책, 10쪽.

14) 같은 책, 10쪽.

은 그 명확한 경계가 사라진다. 관객이 달콤한 환상으로 가득한 주술적 세계 속에 계속 빠져 있기를 바라기에 더욱 그렇다.

다음의 예는 스타의 매력이 얼마나 강력하게 작용하는지를 잘 보여준다.

"22세, 여성 사무원, 영국인:

열 살쯤 되었을 때, 나는 「오늘밤 얘기해요(Tell Me Tonight)」에서 본 잔 키푸라(Jan Kiepura)에게 홀딱 반했다. 그것은 사랑이 아니라고 당신은 말할 것이다. 그럴지도 모른다. 그러나 나의 가슴은 진짜 막 뛰었다. 어른들은 곧 가라앉을 것이라고 하면서 나를 안정시켰다. 그러나 그렇게 되지 않았다. 사춘기 내내 나는 몇몇 인기 배우들에게 계속 반했다. 그때마다 나는 끔찍한 고통을 겪었다. 나는 그들을 사랑하고 싶었으며, 또 그들로부터 사랑받고 싶었다. 그런 생각이 어느 때는 며칠간 계속되었으며, 또 어느 때는 몇 주 몇 달 동안 계속되었다. 그들을 볼 때마다 그런 생각이 되살아났다. 내가 나 자신을 얼마나 비참하게 느꼈는지는 아무도 모른다. 그러나 지금 생각해보아도, 언젠가 그들을 만나게 될 것이라고 꿈꾸는 것 이상의 완전한 행복을 상상할 수 없었을 정도로 그것은 당시 나에게 현실이었다. 그 모든 것이 나의 사랑관을 바꾸어버렸다고 생각한다. 나의 애인의 친절은 나를 성가시게 하였다. 나는 그와의 시시한 데이트를 경멸하였으며, 그가 구애하는 것을 어린애 같고 미숙하다고 생각했다."[15]

모든 영화가 환상을 주된 양식으로 하며 단지 스타에 의존해 있는 것은 아니다. 삶의 고단함과 추함을 꾸밈없이 그대로 보여주는 리얼리즘 계통의 영화는 스타를 필요로 하지 않는다. 리얼리즘을 끝까지 밀어붙이면 스타의 스타성은 마침내 모두 소멸해버리고 배우만 남게 된다. 하지만 현대 자본주의 사회에서 영화나 대중문화는 리얼리즘을 끝까지 밀고가지 않는다. 부르주아적 상상을 벗어나서 상업적 대중문화가 설 자리는 거의 없기 때문이다.[16]

부르주아적 상상이 존재하는 상업적 대중문화의 영역에서는 누구나 스타로 거듭 날 수 있다. 약간의 미모를 제외하고는 스타가 가지고 태어나야 할 딱히 정해진 재능이란 없다. 스타는 타고난 재능을 필요로 하는 것이 아니라 다만 '가공될 수 있는' 능력을 필요로 한다.[17] 대중의 입맛에 맞게끔 개성을 제조해내는 스타 시스템에 의해서 스타로 만들어질 수 있기만 하면 된다. 일단 스타로

15) 같은 책, 106쪽.

16) 같은 책, 54쪽.

17) 다니엘 부어스틴, 『이미지와 환상』, 234-235쪽.

만들어지고 나면, 스타는 무엇을 해냈는가 하는 일의 성과보다는 제조된 개성에 의해서 인정받는다. 이 개성은 바로 스타성과 직결된다. 그러나 이 개성은 메이크업 한 꺼풀만 벗기면 사라져버리는 가짜다. 그래서 스타성은 환상이다.

환상을 만들어내는 스타 시스템은 현대의 문화 영역 어디에나 만연해 있다. 스타 시스템은 특유의 작업 논리로 곳곳에서 기존의 질서를 교란시킨다. 그 논리의 핵심에는 '이름'이 있다. 중요한 것은 재능이나 실력이 아닌, 자신을 널리 알릴 수 있는 이름이다. 유명해져야 하는 것은 비단 연예계만의 현상이 아니다. 문학 세계에서도 학자 세계에서도 이름은 마찬가지로 중요하다. 과학자들은 연구를 행하기 위해서 재단이나 정부의 재정적 지원을 필요로 한다. 이를 얻어내기 위해서는 우수한 연구 성과와 그에 따른 명성이 있어야 한다. 명성을 가진 자만이 지원을 받을 수 있으며, 지원을 받기 위해서는 명성이 있어야 한다.[18] 이 원인이 결과가 되고 또 결과가 원인이 되는 순환의 고리 속에서 과학자는 제대로 연구를 행하기도 전에 벌써 우수한 연구 성과를 보여줄 수 있어야 한다.

---

18) 같은 책, 234쪽.

문학계에서 작동하는 스타 시스템은 베스트셀러 제도다. 베스트셀러는 단순하게 말하자면 '가장 많이 팔리는 책'이라는 뜻이다. 하지만 어떤 책이 베스트셀러라고 불리는 순간, 베스트셀러라는 이름은 마술적인 힘으로 작용한다. 이 순간부터 어떤 책은 좋은 책이기 때문에 잘 팔리는 것이 아니라 잘 팔리기 때문에 더욱 잘 팔리게 된다. 그래서 어떤 책을 베스트셀러로 만드는 가장 간단한 방법은 베스트셀러라고 한 번 크게 외쳐주는 것이다.[19] 그러면 사람들은 남들이 많이 사본다는 이유만으로도 그 책에 관심을 갖게 되고 사게 되는 것이다. 이제 우리들은 어떤 책이 베스트셀러라고 호명되는 순간부터, 그 책이 훌륭해서 베스트셀러가 됐는지 베스트셀러가 돼서 훌륭한 것인지를 구분할 수 없게 되어버린다. 이러한 혼란의 배경에는 상업적 이윤을 목적으로 추구하는 출판계의 얄팍한 상술이 존재한다. 영화계의 스타 시스템처럼, 베스트셀러란 제도는 출판계의 이윤 보장을 위한 가짜 사건일 뿐이다.

가짜 사건이 난무하며 환상이 현실을 압도하는 현상은 신문도 예외가 아니다. 처음 신문이 만들어졌을 때 신문

---

19) 같은 책, 229-230쪽.

은 '신이 일으킨 사건'을 보도한다고 믿었다. 17세기 말 미국 최초의 신문은 한 달에 한 번씩 정기적으로 발행되었다. 그러나 보도해야 할 사건이 많아지면 더 자주 발행될 수도 있었다. 신문이 사건에 따라가지 사건이 신문에 따라가지는 않았다. 적어도 그 당시에는 신문의 편집자도 독자도 모두 그렇게 믿고 있었다. 10년이면 강산도 변한다는 말이 있는데, 몇 세기가 흐르는 동안 세상은 실로 많은 변화를 겪어왔다. 지금은 신문에 대한 생각도, 신문을 둘러싼 태도도 많이 바뀌었다. 이제 신문은 신이 만든 사건에 의존하기보다는 기자들이 구성해내는 사건에 더 의존한다. 기자들이 해야 할 가장 중요한 일은 더 이상 사건을 신속하고 정확하게 보도하는 것이 아니다. 이제 그들의 주요 임무는 사건을 '어떻게 포장하느냐'로 바뀌었다.[20] 이와 동시에 신문의 뉴스거리를 만들어내는 일은 더 이상 신의 작업이 아니라 기자들의 작업이 되었다.

이제 신문은 초창기처럼 한 달에 한 번씩 발행되거나 중요한 사건이 터지면 발행되는 것이 아니라, 눈이 오나 비가 오나 매일 발행된다. 사건이 있든 없든 신문은 매일 발행되고 기자들은 매일 매일 뉴스거리를 찾아내야 한

20) 같은 책, 51쪽.

다. 찾아내지 못하면 만들어내기라도 해야 한다. 유명 인사의 배후를 캐든지, 평범한 일상에서 그럴 듯한 휴먼 스토리를 발굴해내든지, 이전에 보도된 사건을 새로운 각도에서 재해석하든지, 그도 저도 안 되면 미래 사회에 대한 예측 기사라도 내어놓아야 한다.

뉴스가 신의 손에서 기자의 손으로 내려오는 동안 많은 것이 변하였다. 자연 발생적인 사건이 부족하면 인공적인 사건으로 메워지고, 자연적인 사건마저도 인공적인 각색을 거치는 과정이 일상화되면서, 신문과 정보 매체뿐 아니라 사람들의 삶의 태도도 바뀌었다. 여러 변화들 중에서도 가장 특징적인 변화는 사람들의 '기대'에서 나타났다. 사람들은 많은 것을 기대하게 되었다. 현실에서 얻을 수 있는 것 이상을 바라게 되었고 현실이 채울 수 없는 부분은 환상을 통해서라도 채우려 한다. 사람들은 기름진 스테이크와 초콜릿 케이크를 먹으면서도 날씬해지기를 기대하고, 누군가를 위해 눈물 한 방울 흘리지 않으면서도 사람들에게 많이 사랑받고 싶어한다. 낯선 곳에서 새로운 경험을 하면서도 그곳이 집에서와 같이 편한 곳이기를 기대하며, 남들이 하는 것만큼만 일하고 남들보다 더 많이 벌고 싶어한다.

사람들은 언제나 많은 것을 꿈꾸어 왔다. 꿈꾸기는 옛날이나 지금이나 마찬가지였다. 하지만 예전에는 그것이 충족되기를 요구하지 않았다. 예전에는 '현실' 속에서 살았으며 현실이 줄 수 있는 것 이상을 기대하지 않았다. 이와 달리 오늘날 사람들은 서로 모순인 것들이 모순이지 않기를 기대하고, 현실에서 이루어질 수 없는 것들이 이루어지기를 기대한다. 이러한 과도한 기대 속에서 사람들은 계속 기대가 충족되지 않는 데 대한 갈증으로 목말라한다. 누군가 옆에서 원하는 모든 것을 가질 수 있다며 사람들에게 계속 꿈꾸라고 속삭인다. 사람들은 지칠 줄 모르고 기대하고 또 기대한다. 그리고 누군가는 끊임없이 사람들의 환상을 부채질하며 그것으로 돈을 벌어들인다.[21]

매일 아침 밥상에서 신문을 펼쳐들며, 사람들은 "오늘은 뭐 읽을 만한 기사거리 없나?" 하고 기대한다. 사람들은 뭔가를 일상적으로 기대하며 그 기대가 채워지기를 당연하게 요구한다. 그래서 신문에는 인위적으로 만들어낸 사건들로 넘쳐난다. 이런 사건들 중에 가장 흔한 것으로는 기업의 창사 50주년, 대학의 100주년 등의 각종 기

21) 같은 책, 22-23쪽.

념식을 꼽을 수 있다. 사회 저명 인사들을 모아놓고 국가와 국민에게 봉사해온 장구한 세월 등의 자화자찬이 넘쳐나는 기념식은 그 자체로 하나의 가짜 사건이며, 이에 대한 홍보성 보도 또한 가짜 사건이다. 가짜 사건은 사람들이 생각하는 것보다 훨씬 뿌리가 깊으며 도처에 만연해 있다. 부어스틴은 "가짜 사건의 발생과 기원은 미국 현대사 그 자체"라고 말할 정도다.[22)]

신문의 역사를 살펴보면 획을 긋는 변화가 몇 개 있었다. 전신기가 발명된 1830년대 이후 전국적인 전신망을 이용하여 신문이 만들어진 것은 그런 변화 중의 하나였다. 1848년에는 AP통신사가 설립되기도 했다. 이 시기에 등장한 윤전기는 엄청난 양의 신문을 찍어내는 것을 가능하게 만들면서 신문의 대량 공급을 가능하게 했다. 이 때부터 뉴스는 이윤을 창출하는 하나의 상품이 되었다. 신문사 간에는 사활을 건 치열한 경쟁이 벌어졌다. 경쟁은 세상의 사건을 활자의 이미지로 재구성해내고, 인쇄하고 사람들에게 전달하는 모든 일련의 과정을 엄청난 속도로 발전시켰다. 이와 더불어 실제보다 더 실제 같은 이미지를 만들어내는 사진 기술과 영상 기술이 놀랍게

---

22) 같은 책, 35쪽.

성장하였다. 이러한 발전과 성장은 하나의 혁명이었다. 조용하지만 강력한 파괴력을 지닌 '그래픽 혁명(graphic revolution)'이었다. 혁명이 가져온 것은 전복이었다. 이제 환상은 세상을 새롭게 규정했다. "생생한 이미지는 희미한 현실을 압도"하기 시작했다.[23)]

> "존재한다고 사실이 아니다. 일어난다고 사건이 아니다. 사실이 존재하려면 보도가 되어야 하고, 사건이 일어나려면 카메라에 복제되어야 한다. 미디어로 복제되지 않는 한 사실은 존재할 수 없고, 사건은 일어날 수 없다."[24)]

진중권의 『미학 오디세이』에 나오는 한 대목이다. 이미지가 현실을 제압한다. 환상이 현실을 위협한다. 이 세계에서 활자화되지 않고 영상화되지 않은 것들은 아무것도 아니다. 무지와 미지의 것들이다. 사람이 죽어나가는 것을 바로 코앞에서 목도한다 해도 우리는 그것이 무엇이지 모른다. 우리가 겪은 게 무엇이었는가를 다음날 신문에서 보도해줄 때에야 비로소 우리는 무슨 사건이있는가를 알게 된다. 세계 도처에서 수많은 사람들이 굶어죽

---

23) 같은 책, 36쪽.

24) 진중권, 『미학 오디세이』, 318쪽.

어도, 난민들이 대량으로 학살되어도, 그것이 신문이나 방송에 보도되기 전에는 다만 일상에 불과할 뿐이다. 미디어에 대대적으로 보도될 때야 일상은 비로소 사건이 된다. 가슴아파해야 할 비극적 사실로 확인된다.

제 6 장
우리는 플라톤의 동굴에 있는가
시뮬라시옹의 세계에 있는가?

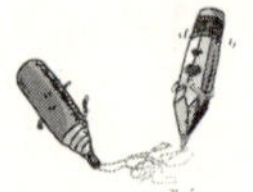

플라톤 이야기를 잠시 해보자. 플라톤(Platon : BC 428~348)은 고대 그리스의 철학자로 소크라테스의 제자이자 아리스토텔레스의 스승이었다. 20세기의 철학자 화이트헤드가 서양 철학사는 플라톤의 주석에 지나지 않는다고 단언할 정도로 서양의 사상사에서 플라톤이 끼친 영향은 지대하다. 플라톤은 윤리학, 정치학, 인식론, 형이상학 등 많은 분야를 섭렵했는데, 그 중에서 형이상학은 실재에 관한 이론을 다루는 학문이었다. 그가 실재에 관한 학문에 관심을 기울였던 이유는 인간의 일상 생활이 환상에 자주 영향을 받는다고 생각했기 때문이었다. 그는 이 환상의 그늘에서 벗어나기 위해 무엇보다도 철학적 성찰이 필요하다고 강조했던 사람이었다.

플라톤은 실제와 그림자를 구분했다. 그에 따르면, 실제 세계와 그림자 세계가 공존한다. 인간적 비극은 우리의 일상적인 삶이 실재보다도 그 그림자인 환상에 지배받는 데에 있다. 우리가 보고 듣고 느끼는 세계는 진짜가 아니라 진짜의 잔영이며 진짜의 복제다. 플라톤은 어떻게 환상의 베일을 벗기고 실제에 다가가는가 하는 문제와 씨름하였다. 그에게 이 고민은 지적 유희가 아니었다. 바로 모두에게 절실한 '산다'는 것의 문제였다. 그러니까 진짜 삶을 살 것인가 가짜 삶을 살 것인가 하는 문제는 영화 「매트릭스」의 주인공 네오에게만 해당되는 문제가 아니다. 가상의 사이버 세계와 현실의 세계 사이에서 선택을 해야만 했던 네오의 문제는 적어도 플라톤이 보기에 인간 모두에게 공통된 문제이고 숙제였다.

이 실제 현실과 가상 현실에 대한 문제를 좀더 선명하게 표현하기 위해 플라톤은 '동굴의 비유'를 든다.[1] 이 비유에 따르면, 우리는 동굴에 갇힌 죄수들이다. 평생 동굴 안에 묶인 채 동굴 벽면만 바라보고 살아간다. 동굴 밖에

---

1) 로버트 L. 애링턴, 『서양윤리학사』, 68-70쪽.

는 불이 타오르고 있어 그 빛이 동굴 벽면에까지 비추어진다. 빛은 동굴 밖에 있는 동물들이나 사물들을 벽면에 그림자로 비추어낸다. 우리는 동굴 밖의 실제 동물이나 사물을 보지 못한 채 그 그림자만 바라보고 그것들을 실제라고 여기고 의심치 않는다. 그러던 중 어느 날, 일이 벌어진다. 누군가 고개를 돌려 동굴 밖을 바라볼 수 있게 되었다. 이제 어떤 일이 벌어질까? 처음에는 동굴 밖의 강한 불빛에 눈이 부셔 아무것도 보이지 않을 것이다. 영화 「매트릭스」에는 주인공 네오가 모피어스에게, 왜 내게 아무것도 보이지 않느냐고 질문하는 장면이 있다. 그 때 모피어스는 이렇게 대답한다. "눈을 사용한 적이 없으니까." 네오가 눈이라는 감각 기관을 실제 사용해본 적이 없었던 것처럼, 동굴에 갇혔던 죄수도 강한 불빛을 보기 위해 눈을 사용한 적이 없다. 그래서 처음에는 아무것도 볼 수 없었을 것이다. 그러다 얼마간 시간이 지나면 모든 것이 점점 또렷하게 보이기 시작할 것이다. 그제야 그는 그림자와 실제의 차이를 알게 될 것이다.

네오가 사이버 세계를 벗어날 수 있었던 것처럼, 이제 실제와 그림자의 차이를 알게 된 동굴의 죄수가 동굴 밖으로 나갈 수 있게 된다면 어떤 일이 일어날까? 그는 이제 그림자가 환상이었음을 그리고 실제는 따로 있었음을 똑똑히 알게 될 것이다. 진리에 도달하게 된 그는 어쩌면 선지자가 되어 동굴로 다시 돌아올지도 모른다. 돌아와서는 아마 사람들에게 그가 본 것에 대해, 그가 아는 것에 대해 이야기할 것이다. 사람들이 이 선지자의 말을 믿어줄까? 사람들은 그를 믿지 않을 것이다. 자기가 두 눈으로 똑똑히 보고 있는 것을 환상이라고 말한다면, 그것을 쉽게 믿을 사람은 없을 것이다. 믿을 수 없을 뿐 아니라 믿고 싶지도 않을 것이다. 선지자가 거짓말을 하고 있다고 생각할 것이다. 사람들은 사슬을 풀고 동굴 밖의 세상으로 스스로 나오기 전까지, 그리고 자신들의 두 눈으로 동굴 밖의 세상을 확인하기 전까지는 선지자의 말이 사실임을 인정하지 않을 것이다.

요즘에 영화관에 앉아 있는 우리의 모습은 흔히 이 동굴의 비유에 나오는 죄수들과 비교되곤 한다. 영사기에 등을 돌리고 영사기의 빛이 투사되는 스크린을 넋없이게 바라보고 있는 모습은, 동굴 밖의 세계에 등 돌리고 동굴 벽면만 바라보는 모습과 흡사하다. 하지만 동굴에 앉아 있는 고대의 인간과 영화관에 앉아 있는 오늘날 우리의 문제는 같지 않다. 복제만이 현실로 주어진 동굴의 인간에게는 가상 현실과 실제 현실 간의 좁힐 수 없는 간극이 문제가 된다. 그리고 이는 무엇보다도 인식의 문제였다. 그러나 오늘날 우리의 문제는 인식의 문제라기보다는 선택의 문제다.

동굴에 갇혀서 벽면만 바라보던 사람들은 단지 동굴 밖으로 나와 세상을 보기만 하면 된다. 하지만 영화관에서 스크린을 마주하고 있는 사람들은 자발적으로 영화관에 들어간 사람들이다. 입장료를 지불하고 영화관에 앉아 있는 사람들은 스스로 환상을 선택한 사람들이다. 여기서 우리는 다시금 영화 「매트릭스」의 한 장면을 떠올릴 수 있다. 네오의 동료 중에는 어렵게 가상의 사이버 세계를 탈출했지만 진짜 세계가 보잘 것 없어 실망에 빠져 있는 사람이 있었다. 그는 진짜 세계의 빈궁함에서 벗어나고자 한다. 비록 가짜라고는 하지만 스테이크의 부드러움과 와인의 감미로움을 제공해줄 수 있는 사이버 세계를 그리워한다. 그래서 그는 동료들을 배반하고 다시 사이버 세계로 돌아가는 선택을 한다. 그곳으로 돌아가 그곳이 가짜라는 사실도 잊은 채 다시 편안함과 안락함을 누리고자 한다. 다시 한 번 스테이크를 맛볼 수 있다면 그것이 진짜든 가짜든 아무 상관이 없는 것이다.

자발적으로 환상을 선택한 사람들 그리고 환상이든 실제든 상관없는 사람들에게는 환상이 문제가 아니다. 오히려 현실이 문제가 된다. 그들에게 벗어나야 할 것은 환상이 아니라 환상의 허위성을 폭로하려는 현실이다.

오늘날 플라톤의 동굴은 시뮬라시옹의 세계다. 시뮬라시옹(simulation)은 프랑스의 사회학자 장 보드리야르(Jean Baudrillard : 1929~2007)가 널리 유행시킨 개념이다. 보드리야르는 플라톤처럼 실제와 환상의 문제에 관심을 가졌다. 그러면서 그는 플라톤과는 한참이나 떨어진 지점에서 실제와 환상의 문제를 새롭게 구성한다. 그는 실제와 환상을 원본과 복제로 표현한다. 그리고 1970년대와 1980년대의 가장 도발적인 미디어 문화 이론가였던 그답게 사회의 지배적 통설을 무시하고 상식을 뒤엎는 주장을 한다. 원본과 복제의 구분이 사라졌다고 소리 높여 외친다.

이 주장을 통해서 플라톤의 실제와 환상에 대한 이분법은 소멸하게 된다. 대신 그 자리에 원본 없는 동일한 복제물이 등장한다. 이 복제물은 '시뮬라크르(simulacra)'라는 개념으로 이야기된다. 그리고 원본과 복제의 구분이 소멸하고 복제물만 남는 이 과정은 '시뮬라시옹'이란 개념으로 정식화된다. 보드리야르의 시뮬라시옹은 "원천이나 실재가 없는 실재적인 것의 모형들에 의해 만들어진 것, 즉 과잉 현실(hyperreal)"의 세계를 가리킨다.

보드리야르가 말하는 원본과 복제가 사라졌다는 소위 '탈현대적' 주장을 이해하기 위해서는 좀더 부연 설명이 필요하다. 시뮬라크르와 시뮬라시옹의 개념에 대해서도 다시 한 번 자세히 살펴봐야 한다. 그러기 위해 발터 벤야민(Walter Benjamin : 1892~1940)을 잠시 언급하고 지나가는 것이 좋겠다.

독일의 문예학자인 벤야민은 오늘날 과학 기술의 진보가 인간의 물질적 삶뿐 아니라 예술에 대한 태도 또한 변화시켰다고 말한다. 현대 과학 기술 문명은 모두 알다시피 자본 시장에 내다팔기 위한 상품의 대량 복제를 가능하게 했다. 그런데 벤야민은 이 대량 복제가 사물에만 한정된 것이 아니라 예술 작품에도 해당된다는 사실에 주목한다. 예술 작품의 대량 복제에서 가장 두드러진 특징은 원본이 가지고 있던 '현재적 일회성'의 상실이었다. 원본이 가지고 있는 고유의 분위기가 제거되는 것이었다. 벤야민은 원본에 속한 고유의 분위기를 '아우라(Aura)'라고 표현한다. 예술 작품은 원본의 고유한 질감이나 색

감, 형태만으로도 일정한 아우라를 가지고 있다.

아우라는 단지 이것만을 지칭하지 않는다. 예술 작품들은 이 세상과 독립하여 홀로 존재하지 않았다. 예술 작품들이 만들어지고 향유되었던 장소의 일부분이었다. 교회나 수도원의 벽면이나 천장을 장식했었고 왕족들의 거대한 궁전의 일부분이었으며 그들의 식탁과 침실을 장식하던 보물들이었다. 예술 작품은 원래 있던 장소나 환경과 어우러질 때만이 자신의 고유한 분위기인 아우라를 갖게 되는 것이다.

바티칸의 시스티나 성당에 천장을 장식하고 있는 미켈란젤로의 「천지창조」를 한번 생각해보라. 만약 이 작품을 시스티나 성당의 천장에서 떼어내 다른 곳으로 옮겨놓았을 때 과연 이 작품만의 고유한 아우라가 보존될 수 있을까? 만약 「천지창조」가 경매장에서 여러 다른 미술작품과 함께 진열되어 그 종교적 분위기를 전혀 느낄 수 없게 되어버렸다면, 또는 「천지창조」가 대규모 방직 공장의 천장을 장식하고 있다면 과연 어떤 느낌이 들까? 이런 낯선 장소에 놓인 「천지창조」는 분명 시스티나 성당의 「천지창조」와는 많이 다를 것이다.

현대 사회에서 예술 작품의 운명은 많이 바뀌었다. 처

음에는 현대의 민주주의 혁명이 예술 작품의 아우라를 빼앗아갔다. 예전에는 아름다운 예술품을 감상할 수 있는 사람은 부자이거나 권력을 가진 사람들이었다. 그들은 예술품을 소장할 수 있었으며 주문 제작할 수 있었다. 또 그들은 예술품이 속해 있는 먼 곳의 교회나 수도원, 성 등으로 여행을 떠날 수도 있었으며, 종종 그렇게 하기도 했다. 이 모든 것은 일반 대중이 결코 누릴 수 없는 사치였다.

현대의 민주주의 혁명은 공공 예술 박물관을 건립하고 활성화시켰다. 공공 예술 박물관은 사방 각지에 흩어져 있던 예술품을 한데 모아놓았고 사람들은 무료로 또는 아주 적은 입장료만으로도 진귀한 예술 작품을 감상할 수 있게 되었다. 예술의 대중화가 이루어진 셈이다. 대중화와 더불어 편리함도 같이 주어졌다. 고대 시리아의 조각품에서부터 레오나르도 다빈치의 「모나리자」에 이르기까지 다양한 시대와 다양한 형태의 예술품을 이제 한 곳에서 즐길 수 있게 되었다.

그러나 예술의 대중화와 편리함에는 지불해야 할 대가가 있었다. 박물관이라는 제한된 인공적인 환경에 다양한 예술 작품을 모아놓기 위해서 예술품들은 그것이 실제 장식되었고 음미되었던 본래의 문화와 환경에서 분리되었다. 더 이상 예전처럼 살아 숨쉬는 생생한 문화 현장에서 예술품을 경험할 수 없게 되었다. 박물관의 방문은 마치 문화적 인공물이 들어 있는 큰 창고를 구경하는 것과 흡사한 경험이 되고 말았다.[2]

현대 사회에서 예술 작품의 운명은 이에 그치지 않고 계속 변화한다. 미켈란젤로의 「천지창조」는 복제되어 레스토랑의 벽면을 장식하기도 하고, 티셔츠의 문양이 되기도 하며, 대중 소설의 표지를 장식하기도 한다. 복제품은 원본의 문화 환경과는 전혀 다른 환경에 놓이게 되며, 이로써 원본이 가지는 아우라를 완전히 상실하게 된다. 그런데 아우라의 상실이 모든 것에 대한 상실을 의미하지는 않는다. 희한하게도 이렇게 원본의 아우라가 완전히 지워진 복제품은 비록 원본에서 맛볼 수 있는 문화 경험은 잃어버렸지만, 이로써 끝나지 않고 새로운 문화 경험의 영역을 열게 된다. 더군다나 예술품의 기술적 복제는 원본이나 수적으로 한정된 수공적 복제가 결코 도달할 수 없는 새로운 문화 상황을 창조해낸다.

그렇기 때문에 벤야민은 기술 복제가 만들어내는 아우

---

2) 다니엘 부어스틴, 『이미지와 환상』, 149-151쪽.

라의 상실에 대해 비관적으로만 보지 않는다. 오히려 기술 복제 시대의 예술에서 새로운 희망을 본다. 예술품의 기술 복제가 문화의 기계적 복제로 이어지며 사회에서의 문화 기능을 변화시킬 수 있다는 것이다. 그가 주목한 것은 대량으로 이루어지는 기술 복제가 원본의 복제품을 원본이 도달할 수 없는 상황에 놓이게 한다는 것이다. '아우라'의 문화에서 '민주적' 문화로 이행되는 새로운 상황이다.[3)]

원본인 예술품의 아우라는 두 가지 의미를 지니고 있다. 한편으로는 작품의 유일무이한 '진정성(Authenticity)'을 나타내기도 하지만, 다른 한편으로는 전통의 '권위(Authority)'를 뜻하기도 한다. 앞서 말한 대로, 과거 예술품들은 부자나 권력을 가진 자들만의 소유물이었다. 그러기에 예술품은 그들의 권위를 상징하기도 했다. 그러나 대량 기술 복제는 예술품을 대중들의 소유물로 바꾸어놓았다. 이제 누구나 「천지창조」가 그려진 포스터 하나쯤은 어렵지 않게 소유할 수 있다. 마음 내키면 거실의 한 벽면을 이 그림으로 도배할 수도 있다.

또한 기술 복제는 예술품을 소유하는 계층에 대한 변

---

3) 존 스토리, 『문화 연구와 문화 이론』, 159쪽.

화만을 가져온 것이 아니었다. 예술품에 대한 인식까지도 바꾸어놓았다. 과거 전통 속에 내재되어 있던 예술품은 유일한 것이고 지속성을 가진 것이었다. 세대를 거쳐 오래도록 간직할 수 있고 또 그래야만 하는 전승물이었다. 반면에 대량 복제된 예술품은 반복해서 생산해낼 수 있기 때문에 언제든지 다른 것으로 대치될 수 있고 다양한 문화적 텍스트와 결합시킬 수 있는 교환성과 탄력성을 지닌 것이었다. 이러한 변화 과정을 거치면서 예술품에 대한 사람들의 생각과 태도가 바뀌는 동안, 이를 둘러싼 본래의 전통에 대한 생각과 태도도 바뀌었다. 전통도 변화할 수 있는 것으로 다가왔으며 이와 더불어 전통의 아우라가 상실되어 갔다. 아우라의 상실은 곧 권위의 상실이었다.

예술품에 대한 기술 복제가 전통에 대한 권위의 상실과 변화에의 욕구로 이어졌다. 이러한 노정에는 기술 복제를 통해 예술품의 가치가 바뀌게 된 것도 한 몫을 담당했다. 역사적으로 예술품은 종교 의식과 밀접한 관계가 있었다. 과거 예술품은 종교 의식에 사용하기 위하여 만들어졌으며, 종교 의식을 형상화하는 기능을 주로 담당해왔다. 이러한 맥락에서 예술품들은 '제례적 가치'를 지니고 있었으며 이 제례적 가치 속에서 온전한 아우라를 발휘했다. 주술적 환경에서 만들어진 예술품들은 이 제례적 가치를 떠나서는 그들만의 진짜 살아 숨쉬는 모습을 보여줄 수 없다.

예술품에 대한 기술 복제가 행해지자 예술품으로부터 이 제례적 가치는 자취를 감추고 사라져버리게 되었다. 대신에 새로이 '전시적 가치'가 등장하여 이 가치를 중심으로 예술품에 대한 평가가 이루어졌다. 특히나 현대 자본주의의 기술 복제에서 예술품은 상품적 가치를 전시하는 기능을 주로 한다. 이로 인하여 예술 작품에는 이전에 없었던 '집단적 성격'이 부여된다.

벤야민은 이 집단적 성격에서 '예술의 대중화'로부터 '예술의 정치화'를 불러오는 계기를 보았다.[4] 왜냐하면 기술 복제된 예술의 집단적 성격은 대중 운동의 강력한 매개체로 작용할 수 있기 때문이다. 이 세상에 단 하나뿐인 원본과 달리 포스터, 팸플릿, 벽보 등의 기술 복제에 의존하는 예술 수단은 대중 운동에 광범위하게 이용될 수 있다. 체 게바라의 사진이 인쇄된 티셔츠를 한번 생각해보라. 이 티셔츠를 입는다는 것은 단순한 유행의 표현

4) 원승룡 · 김종헌, 『문화 이론과 문화 읽기』, 208-210쪽.

일 수도 있지만 동시에 정치적 소신의 표현일 수도 있다. 기술 복제는 예술에 대한 사람들의 태도를 수동적 수용에서 능동적인 정치 투쟁의 문제로 전환시킬 수 있다. 벤야민은 이를 강조한다. 기술 복제 시대의 예술은 종교적 의미를 잃어버리고 제례적 가치의 소멸을 경험하면서 아우라의 상실을 초래한다. 그러나 이 상실을 통하여 얻은 게 있으니 그것은 예술의 또 다른 기능인 사회적 실천이다. 복제로 인해서 예술은 이제 정치적 해방이라는 사회적 실천의 새로운 영역에 도전하고 있다. 벤야민의 생각은 상당히 급진적으로 흘러간다. 그가 말하는 정치적 해방이란 궁극적으로 자본주의가 스스로를 전복시키는 상황을 의미한다. 그는 이 변혁의 과정에 기술 복제가 야기하는 문화의 사회적 기능의 변화가 주요한 역할을 담당하리라고 믿어 의심치 않는다.

"우리는 복제 기술이 전통의 영역으로부터 복제 대상을 분리시킨다고 일반화시킬 수 있다. 많은 복제품을 만듦으로써 이는 하나뿐인 것을 여러 개로 대치시킨다. 그리고 각 복제품은 그것을 감상하는 사람과 특정한 상황에서 만남으로써 복제된 대상이 재활성화된다. 이 두 과정은 전통을 엄청난 파괴로 이끌며 이는 곧 현재의 위기(파시즘의 대두)와 인류 재생의 표면적 현상이라 할 수 있다. 두 과정 모두 우리 시대의 대중 운동과 밀접한 관련이 있다. 그 가장 강력한 대행자는 영화다. 특히 영화가 지니는 가장 확실한 사회적 중요성은 문화 유산의 전통적 가치를 말살하는 파괴적이고 배설적인 면 때문이라고 할 수 있다."[5]

기술 복제가 열어주는 새로운 가능성에 주목하고 이를 정치적 해방의 움직임으로 해석한 벤야민은 기술 복제 시대의 긍정적이고 창조적인 면을 우리에게 보여주었다. 복제를 극복해야 할 가짜로 본 플라톤과는 사뭇 다른 견해다. 그러나 플라톤만이 복제에 대하여 부정적인 생각을 가졌던 것은 아니다. 보드리야르 역시 그런 사람이었다. 다만 그는 플라톤과 달리 원본과 복제의 구별이 사라졌다고 생각했다.

앞에서 보드리야르의 시뮬라크르를 원본 없는 동일한 복제물을 가리키는 개념이라 말했었다. 여기서 원본이 없다는 표현은 참 중요하다. 벤야민의 경우 원본과 복제의 구별이 여전히 존재하지만, 보드리야르에게서는 이 구별이 사라지기 때문이다. 시뮬라크르는 원본 없는 복제물이기 때문에, 시뮬라크르는 실제 존재하지 않지만

5) 존 스토리, 『문화 연구와 문화 이론』, 158-159쪽.

마치 존재하는 것처럼 꾸며놓은 인공적인 대상이다. 시뮬라크르가 가리키는 것은 이미지로 이루어진 대상이다. 복제할 원본이 없는 가상의 이미지가 현실에 자리하고 마침내 현실을 대치하는 것이다. 이 과정에서 현실은 이미지에 의해 지배받으며 이미지를 따라간다. 이미지는 현실보다 더 현실적인 것으로 자신을 드러낸다. 시뮬라시옹은 이 시뮬라크르의 과정을 가리킨다. 시뮬라시옹은 '시뮬라크르하기'를 뜻하는, 말하자면 사뮬라크르의 동사적 표현이다.[6)]

시뮬라크르가 이미지란 이야기인데, 그렇다면 이미지란 무엇인가? 어원적으로는 '이마고(imago)'에서 유래한다. '죽은 자의 마네킹'이라는 뜻을 가지고 있다.[7)] 이미지는 죽은 자의 마스크나 모습 등을 형상화한 것으로 죽음과 관계된다. 이 죽음의 형상화는 죽은 자들의 영원한 생명을 위한 것이면서, 동시에 죽은 자들이 죽어서도 산 자들에게 영향력을 미치기 위한 것이다. 그래서 이미지가 갖는 힘의 원천은 썩어 문드러져가는 실제의 죽음에 있는 것이 아니다. 죽음에 대한 사람들의 환상에 있다. 오

6) 장 보드리야르, 『시뮬라시옹』, 9-10쪽.

7) 원승룡 · 김종헌, 『문화 이론과 문화 읽기』, 226쪽.

늘날 이미지는 인쇄 매체의 발명과 전파 매체의 폭발과 더불어 그래픽 혁명을 불러왔다. 또한 '디지털 문명'과 만나 무수한 가상 공간을 만들어내며 이미지의 홍수를 불러왔다.[8] 이미지는 현실을 엄청난 위력으로 장악하며 스스로를 확대 재생산하고 있다.

보드리야르는 복잡하게 얽혀 있는 시뮬라크르의 완벽한 모델로서 디즈니랜드를 예로 든다.

> "우선 환상과 공상의 유희다 : 해적, 국경선, 미래 세계 등에서 보이듯이 사람들은 이 상상 세계가 성공적인 작전을 수행한 것으로 간주한다. 그러나 군중들을 끄는 것은 틀림없이 상상보다는 이곳이 사회의 축소판이라는 사실이다. 실제 미국 사회가 가하는 통제 그리고 그 사회가 제공하는 기쁨을 축소시켜 경험하는 데에서 오는 근엄한 즐거움이다."[9]

보드리야르가 말하는 디즈니랜드는 하나의 음모와도 같다. 자신이 음모인 줄도 모르는 음모다. 디즈니랜드를 만든 사람도 디즈니랜드를 소비하는 사람도 이를 의식하지 못한다 해도 그것이 음모라는 사실에는 변함이 없다. 그런데 왜 음모인가 하면, 디즈니랜드는 미국 전체가 디

---

8) 같은 책, 227쪽.

9) 장 보드리야르, 『시뮬라시옹』, 39-41쪽.

즈니랜드라는 사실을 숨기고 있기 때문이다.

디즈니랜드는 상상의 세계와 어린이들의 세계로 꾸며져 있다. 이 세계에는 상상에의 도피와 어린아이들의 유치함이 존재한다. 사람들은 이런 유치함과 상상의 세계가 디즈니랜드라는 특별한 장소에만 존재하며 그 밖의 세계는 온전한 어른들의 세계며 실제의 세계라고 생각한다. 밖에는 성숙함과 진짜가 지배하고 있다고 믿어 의심치 않는다. 그러나 사실은 유치함이 미국 전체 어디에나 자리하고 있다. 도처에 환상이 존재하고 모든 영역에 미성숙과 유약함이 도사리고 있다.

디즈니랜드의 그 유명한 아름다운 성은 독일의 휴양도시 휘센의 성을 본떠서 만든 것이다. 디즈니랜드를 이루는 하나하나의 부분들은 어디선가 따오고 베껴온 복제다. 하지만 디즈니랜드는 전체로서 원본 없는 복제다. 미국도 마찬가지다. 미국 문화의 많은 부분들은 유럽 문화의 복제들이다. 백악관조차도 유럽의 건축 양식에 따라 만들어졌다. 고유하게 미국적이라 말할 수 있는 것은 없다. 미국 전체는 하나의 원본 없는 복제다.

한편으로 미국은 디즈니랜드와 똑같다. 실제가 아닌 이미지와 환상으로부터 만들어진 파생된 과잉 실제라는 점과 시뮬라시옹의 질서에 속한다는 점에서 같다.[10] 하지만 다른 한편으로 미국과 디즈니랜드는 다르다. 둘 다 똑같이 '과잉 실제'지만, 디즈니랜드의 허구성은 강조되고 미국의 허구성은 부정된다. 디즈니랜드가 상상적 세계로서 존재해야 하는 이유는 그 밖의 세계 또한 실제가 아님을 숨기기 위해서다. 이는 마치 감옥이 사회적으로 꼭 필요한데, 그 이유가 죄수의 사회적 격리라든가 아니면 재사회화 등에 있지 않는 것과 비슷하다. 감옥의 존재와 감옥의 부자유가 선전되어야 하는 진짜 이유는 딴 데 있다. 사회 어디서나 부자유가 존재하고 사회 어디나 감옥이라는 사실을 드러나지 않게 하기 위하여, 특별히 감옥이라는 가시적으로 보일 수 있는 부자유의 영역이 필요한 것이다. 이와 비슷하게 디즈니랜드는 미국이라는 실재가 진짜 실재가 아님을 감추기 위해서 필요하다.

보드리야르에 따르면 디즈니랜드는 참도 거짓도 아니다. 이곳에서 펼쳐보이는 상상의 세계는 실제의 허구성이 드러나는 것을 막기 위해서다. 허구성을 감추기 위해 역으로 허구성을 극대화시켰다. 디즈니랜드는 이 극대화를 위하여 설치된 저지 기제일 뿐이다.[11]

---

10) 같은 책, 40-41쪽.

미국의 허구성, 특히 미국 식 자유민주주의의 허구성은 지금까지 드러나지 않은 채 잘 감추어져오고 있다. 이러한 은폐를 위해서는 디즈니랜드와 비슷한 역할을 담당할 정치적 시나리오들이 필요했다. 워터게이트는 대표적인 정치 시나리오였다. 워터게이트 사건에서 정치적 주술은 그 절정에 달한다. 그 절묘함은 일상적인 사실을 아주 특별한 스캔들로 만들었다는 데 있다. 워터게이트는 한마디로 아이러니 그 자체였다.

워터게이트는 원래 스캔들이 아니었다. 부정과 부패는 권력이 존재하는 어디에나 뿌리를 내리는 권력의 동반자다. 워터게이트는 이러한 권력의 일반적 속성의 한 단면일 뿐이다. 물론 권력의 이러한 속성이 그대로 드러나서는 안 된다. 하지만 워터게이트는 『워싱턴포스트』의 두 기자가 대통령의 도청 사실을 폭로함으로써 이를 드러낼 뻔하였다. 도청은 정치적 부도덕과 함께 일상적인 것이었다. 하마터면 미국 식 자유민주주의의 허구성이 만천하에 모습을 드러낼 뻔하였다. 워터게이트는 분명 권력과 자본에게 예기치 못한 하나의 위기 상황이었다. 그러나 그들은 이 폭로를 역으로 이용했다. 워터게이트를 단

---

11) 같은 책, 41쪽.

지 닉슨 한 사람의 잘못으로 돌려버렸다. 이로써 워터게이트는 자본과 권력의 일반적 현상이 아닌 특별한 사건으로 조작될 수 있었다. 게다가 워터게이트의 스캔들화는 대통령도 문제가 있으면 언제든지 탄핵받을 수 있다는 식으로 받아들여졌다. 그야말로 정치적 도덕성을 확인하고 획득하는 계기가 된 것이다. 이렇게 워터게이트는 미국 식 자유민주주의의 빛나는 승리를 만천하에 과시하는 사건으로 조작될 수 있었다.

완전한 음모로 둔갑한 워터게이트는 미국 식 자유민주주의라는 시뮬라시옹의 허구성을 폭로하려 했으나 오히려 이 시뮬라시옹의 질서에 편입되어버렸다. 또한 허구를 드러내고자 했던 기자들의 직업적 도덕성 역시 그 허구성을 강화시키는 결과를 가져오고 말았다. 워터게이트의 모순적 상황은 부도덕한 자본과 권력이 도덕성의 이름으로 자신들을 지켜나간다는 데에서 다시금 확인된다.

> "부도덕하고 비양심적인 자본은 도덕적 상부 구조 뒤에서만 행사될 수 있으며 대중의 도덕성을 회복하려는 누구든(분개, 고발에 의해서) 이 부도덕한 자본을 위해서 자발적으로 봉사하고 있다. 『워싱턴포스트』의 기자들이 그렇다."[12]

---

12) 같은 책, 43쪽.

도덕이 존재하는 곳에서 정치는 스캔들을 감추려고 애쓴다. 반면에 도덕이 부재한 곳에서 정치는 스캔들이 실제는 스캔들이 아니라는 사실을 감추려고 애를 쓴다. 좀 더 넓은 의미에서 보자면, 원본과 전통이 존재하는 곳에서 환상은 현실을 위협한다. 그러나 원본과 전통이 상실된 기술 복제 시대에는 거꾸로 현실이 환상을 위협한다. 기술 복제 시대의 삶의 특징은 실제가 없는 허구에 기반하고 있다는 것이다. 사람들의 삶은 허구적 파생 실제 위에 건설되고 있다.

> "현실성의 원칙이 지배하는 세계에서 상상은 실재의 알리바이였다. 오늘날 시뮬라시옹의 원칙이 지배하는 세계에서는 실재란 모델의 알리바이가 되었다. 역설적으로 실재가 우리의 진정한 유토피아가 되었다. 그러나 이는 더 이상 가능한 것의 질서에 속하는 유토피아가 아니라, 상실된 대상으로서 거기에 대해 꿈만 꿀 수 있는 유토피아다."[13]

우리는 플라톤의 동굴에서 나오자마자 기술 복제가 열어준 문화 산업 시대의 개막과 더불어 시뮬라시옹의 세계로 들어가고 있다. 아니 어쩌면 우리는 플라톤의 동굴

---

13) 같은 책, 200쪽.

에서 밖으로 나온 적도 없이 또 다른 동굴로 빠져 시뮬라시옹의 세계에서 헤매고 있는지도 모르겠다.

제 7 장
수동적 소비인가 능동적 선택인가?

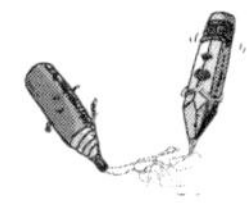

세 개의 패러다임이 있다. '근대'를 중심으로 그 이전을 일컫는 '전근대'가 있고 그 이후를 가리키는 '탈근대'가 있다. 이 세 개의 패러다임을 흔히 역사의 시기적 구분으로 바라보기도 하지만 꼭 그렇지만은 않다. 물론 활자의 발명, 문예 부흥, 프랑스혁명 또는 산업혁명 등의 몇 가지 중요한 역사적 사건들은 근대를 이해하고 설명하는 데 결정적인 역할을 한다. 하지만 근대를 연대기적으로 규정할 수 있으리만큼 역사는 고정된 패턴에 따라 움직이지 않는다. 역사란 전근대에서 근대로 그리고 근대에서 다시 탈근대로 일정한 궤도에 따라 일사분란하게 이행하는 진화의 장은 아니기 때문이다. 현재 우리 사회만 보더라도 이 세 개의 패러다임이 공존하고 있다. 경제나 관료 같은 공적인 영역은 근대적 합리화의 정신에 따라 조직되지만, 우리의 가족 제도 같은 사적인 영역에서는 여전히 전근대적 가부장제가 유효하다. 반면에 우리의 문화 영역은 이성의 대서사가 해체된 탈근대적 모습을 곳곳에서 드러내고 있다.

무엇보다 사회 분석의 이념으로 기능하는 이 세 패러다임에 대해서는 학자마다 의견이 분분하다. 그 중 대표적인 견해로는 독일의 사회학자 막스 베버(Max Weber)가 근대의 특징을 '세계의 탈신화화'로 이야기한 것을 들 수 있다.[1] 그에 따르면 전근대는 주술적 세계관에 기초하여 자연과 사회에 인간을 초월하는 힘이 두루 존재한다고 전제했다. 반면에 근대는 이성의 힘으로 세계를 설명하고 계산하고 지배하려 했다. 이러한 견해는 많은 학자들로부터 공감을 얻어냈다.

자연과 사회가 아직 분화되지 않았던 전근대적 세계는 '황금가지'의 전설이 생생하게 살아 있는 곳이었다.[2] 전

1) 막스 베버, 『직업으로서의 학문』, 27쪽.

2) 제임스 조지 프레이저, 『황금가지』 제1권.

설 속의 고대인들은 기나긴 겨울 동안 영원히 계속될 것만 같은 추위와 배고픔에 고통스러워하며 대지를 푸르게 물들일 봄을 고대했다. 그들은 이제 다시는 태양이 따뜻하게 차오르지 않는 것이 아닐까 두려워했다. 봄을 초조하게 기다려야만 했던 그들은 사계절의 운행을 주술로 재현함으로써 이를 보장받고자 했다. 주술은 황금가지 숲의 사제가 젊고 건강한 동안 대지는 봄을 불러들일 힘이 있다고 약속한다. 하지만 이런 힘은 사제가 늙고 병들면 함께 소멸한다고 경고한다. 그래서 고대인들은 황금가지의 숲에서 젊고 건강한 자로 하여금 늙고 병든 사제를 살해하도록 했다. 젊은 살인자는 새로이 사제가 되지만 그 또한 언젠가는 살해될 운명이었다. 이렇게 사제 살해의 비극은 황금가지 숲에서 언제까지고 되풀이되었다.

고대인들은 생산력이 충분히 발전하지 못한 상태에서 예측할 수 없는 환경의 불확실성에 내맡겨졌다. 그들은 이 근본적인 불확실성에서 어떻게든 벗어나려 했다. 이 불확실성과 이에 따른 생존의 위험에서 실제로 벗어날 수는 없었지만 상상으로나마 거기에서 벗어나고자 했다. 그래서 그들은 자연과 사회를 동일한 차원으로 바라보는 주술의 힘을 빌어서라도 세상을 이해하고 통제하고자 하였다. 그러나 자연과 사회의 모든 영역에 두루 작용하는 초월적 힘이 존재한다는 믿음은 자연과 사회 사이에 특유한 혼돈을 불러왔다. 사람들은 자연 재앙의 원인을 인간의 부덕에서 찾고, 인간이 인간에게 부과하는 사회적 억압을 거역할 수 없는 운명의 탓으로 돌렸다. 그 혼돈 속에서 사람들은 자신에 대해서마저도 환영을 만들어내며 스스로를 소외시켰다.

이와 달리 근대적 세계관과 더불어 인간은 이러한 혼돈에서 벗어나 자연과 사회를 분화시켰다. 또한 자연과 사회의 변화에도 불구하고 동일하게 유지되는 자아에 대한 정체성을 가지게 되었다. 이제 더 이상 자연의 운행이나 법칙을 신적인 의지나 인간의 행위와 연관시키지 않으며, 이와 마찬가지로 사회 제도나 인간 행위의 결과를 자연 법칙과 같이 거부할 수 없는 본래적인 것으로 받아들이지도 않았다. 이러한 '자연의 탈사회화'와 '사회의 탈자연화'는 세계의 '탈미신화'를 가져왔다. 세계는 자연적 세계, 사회적 세계 그리고 자아만이 출입할 수 있는 주관적 세계로 분화되었다. 자연이 객관화되고 인간 생활과 사회 구조가 세속화되면서 세계의 모든 현상은 인과적으로 설명과 분석의 틀에 편입되었다. 이로써 세계는 더 이상 주술적 방식으로 상상에 의해 통제되지 않았다. 세계는 합리적으로 접근할 수 있는 기술적 지식을 통해 실제적으로 통제되었다.

그러나 근대 특유의 합리화 과정은 '자연 지배'와 '인간 지배'라는 또 다른 신화를 낳게 되었다. 자연에 대한 근대의 객관적 지식은 자연에 대한 인간의 지배력을 점점 증가시켰다. 이에 비례하여 인간에 대한 과학적 지식을 통하여 인간까지도 지배하고자 하는 욕구 또한 커져만 갔다. 자연을 인간의 물질적 욕구를 충족시키기 위한 수단으로 이용하면 할수록, 자연에 대한 도구화는 자연적 대상을 넘어서서 인간의 도구화로 이어지고, 도구적 합리성은 인간 삶의 모든 영역에 깊이 침투하였다. 원래 '지배'나 '합리화'는 궁극의 목표를 위한 하나의 수단에 불과한 것이었다. 궁극적 목표는 인간이 인간답게 살기 위한 것이었으며 인간의 해방적 삶의 실현이었다. 그러나 근대 합리화의 과정에서 '지배'나 '합리화'는 그 자체로 목표가 되어버리고, 결국 합리성의 증가는 비합리성의 증가를 초래하고 말았다.

이에 탈근대의 움직임이 등장한다. 탈근대는 근대의 전개 과정이 모순에 가득 차 있다는 인식에서 출발한다.

탈근대는 이성 중심의 대서사가 만들어낸 마르크스주의나 자유주의 또는 과학주의와 같은 총체적인 사상에 대한 거부감을 드러내며 보편적 이성에 대한 해체를 주장한다. 이성중심주의가 감성의 중요성을 소홀히 하는 데 대해 비판한다. 또한 차이나 다름에 대한 감수성을 상실하고, 표준에서 비껴난 사람들 그리고 주류에서 소외된 비주류나 소수자에 대한 억압을 낳았다고 비판한다. 탈근대는 이에 대한 대안으로 다양한 사람과 다양한 집단들이 자신들만의 고유한 목소리를 낼 수 있는 다원주의를 이야기한다.

탈근대의 경향은 그 어느 곳에서보다 문화와 예술의 영역에서 두드러지게 나타난다. 예컨대 '새로운 감성'이라는 개념으로 유명한 예술평론가 수잔 손탁(Susan Sontag)은 고급문화와 대중문화의 이분법적 구분을 부정하며 새로운 다원주의로 방향전환을 권한다. 보다 구체적으로는 예술작품의 내용에 대한 '해석'에 반대한다. 해석이란 예술작품이 (해석 가능한 내지는 해석을 필요로 하는) 일련의 내용으로 구성되어 있다는 미심쩍은 전제에서 출발하여, 예술을 인식의 범주에 집어넣으려는 예술에 대한 훼방에 다름 아니라고 본다.[3] 손탁에 따르면 중요한 것은 해석의 행위가 아니라 감성을 회복하는 일이다. 더 잘 보고 더 잘 듣고 더 잘 느끼는 법을 배우는 일이다.[4] 그녀의 이러한 견해는 예술작품의 내용에 대해 이러 쿵 저러 쿵 해석하는 것을 (이야기에 대한 메타차원의 이야기로서) 이야기에 대한 정당성을 이야기하고자 하는 근대 대서사의 연장선상에서 보고 있다.

그러나 그녀뿐만 아니라 오늘날 활동하는 많은 예술가와 문예 비평가들은 문화와 감성의 다양성에 주목하며, 고급문화와 대중문화의 엄격한 구별을 왜곡된 것 또는 진부한 것으로 비판한다. 그들은 프레드릭 제임슨(Fredric Jameson)의 말처럼 "광고와 모텔들, 라스베이거스의 스트립쇼, 심야쇼와 B급 할리우드 영화, 그리고 공항 대합실에서 파는 괴기 소설과 로맨스, 통속적인 전기, 살인추리소설과 공상과학소설 또는 환상소설 등의 이른바 주변문학들로 구성된 바로 그러한 풍경에 매혹"되어 있으며 따라서 수준 높은 예술문화와 상업적 저질문화의 경계를 부인한다.[5]

포스트모더니즘 양식은 위와 같이 다양성에 가치를 두

---

3) 수잔 손탁, 『해석에 반대한다』, 29쪽.

4) 같은 책, 34쪽.

5) 프레드릭 제임슨, 『포스트모던과 소비 사회』, 192쪽.

며 '키치(Kitsch)'라 불리는 조악한 취향과 예술에서도 매혹을 발견하는 데 반해, 근대 모더니즘의 양식은 대학, 박물관, 화랑 또는 문화재단을 지배하면서 절대적인 것, 보편적인 것 그리고 영원한 것을 추구하였다. 모더니즘 양식의 초기에는 유토피아적 진지성을 가지고 현실을 부정하며, 이 현실부정에서 오는 비판적 의식과 전복적인 힘이 있었다. 그러나 모더니즘 문화양식은 차츰 부르주와 문화로 변해가며 폐쇄적이고 엄숙한 것으로 바뀌었으며, 박물관과 아카데미에서 규범화되고 화석화되어 초기의 비판적 의식과 전복적 힘을 상실하여 갔다. 게다가 부르주와 문화에 동화한 모더니즘 문화 양식은 천박한 것과 고상한 것을 구분하며, 자신의 틀 안에서 잉태되어 오늘날과 같은 모습으로 성장해온 대중문화에 대해 강한 불신을 드러내었다. 탈근대의 포스트모더니즘은 이렇게 저항적인 위치에서 지배적인 위치로 바뀐 고급 모더니즘 문화에 대한 반발로서 등장한 것이다. 물론 탈 근대적 시각에서 바라본 대중문화 역시 항상 긍정적이지만은 않다. 특히 후기 구조주의자들은 고급문화와 대중문화를 대립적으로 구별하지 않을 뿐만 아니라, 양자 모두가 오늘날과 같은 자본주의 사회에서는 상업적인 문화일 수밖에 없다고 주장하며 이와 관련하여 대중조작과 문화산업을 비판한다.

대중문화에 대한 회의와 불신에는 여러 가지 이유가 있겠지만 그 중에서도 대표적인 두 가지는 다음과 같다. 첫째는 주로 근대적 시각에서 제기되는 불신으로, 대중문화가 지적으로 수준이 낮은 문화로 대중들로 하여금 저급한 오락과 말초적 쾌락에 빠져 허우적거리게 만든다고 한다. 둘째는 앞서 언급한 탈근대적 시각에서와 같이 대중문화의 본질을 자본주의적 상업문화에서 찾는 것이다. 이 논리에 따르면 대중문화는 자본주의적 가치관과 이데올로기를 대중에게 암암리에 주입함으로써 대중들을 현재의 지배와 권력구조에 순응하도록 만든다. 이는 대중문화가 자본주의적 이데올로기를 끊임없이 새롭게 생산하고 또 재생산해냄으로써 자본주의를 유지하고 확장시키는 자본주의의 전도사 역할을 담당하기 때문이다.

위와 같은 대중문화 부정론을 살펴보면 무엇보다도 대중문화에 대한 대중들의 수동적인 소비가 부각되어 있다. 그런데 그렇다면 대중들은 과연 이렇게 수동적이기만 한 것일까? 대중문화란 대중에게 한낱 현실도피의 마약에 불과하며 그 이상의 다른 의미는 없는 것일까?

대중들의 문화소비가 수동적이라는 입장은 앞서의 두 가지 측면에서 다시 살펴볼 수 있다. 우선 대중은 어떤 특정한 지향점을 가지거나 아니면 적어도 스스로에 대한 동일성을 지니고 있는 집단이 아니라는 생각이 있다. 이에 따르면 대중이란 유행에 따라 헤쳐 모이는 무차별적 집합체로서 단지 문화엘리트를 제외한 나머지를 지칭하는 잉여 개념일 뿐이다. 문화엘리트들은 문화를 생산하고 이를 유지 발전시킨다. 반면에 대중은 스스로 문화를 생산해낼 능력이 없으며 위로부터 만들어진 문화를 다만 수동적으로 단순 소비한다. 그나마 이러한 소비도 대중에게는 고급문화를 제대로 즐길만한 문화적 소양이 없기에 일부 문화영역에 한정되어 있다. 그래서 대중들의 문화소비는 주로 질 낮은 오락문화를 중심으로 이루어진다.

대중들의 문화소비를 수동적으로 보는 또 다른 입장은 대중문화를 자본주의와 과학기술의 소산으로 보는 데서 출발한다. 이윤추구가 유일한 목표인 자본주의는 보다 많은 이윤을 위해 끝없이 새로운 시장을 개척한다. 자본주의적 시장개척에는 물리적 공간을 확장하는 외연적 팽창도 있지만 기존의 물리적 공간에서 새로운 수요를 산출해내는 내포적 확대도 있다.[6] 외연적 팽창의 대표적 예가 식민지 제국 자본주의였다면, 내포적 확대의 전형적인 방법은 문화 영역을 시장에 편입시키는 것이다. 이 내포적 확대의 결과는 스포츠 산업이나 영상 산업 같은 문화 산업으로 나타나는데, 지금과 같이 거의 매년 성장에 성장을 거듭하는 문화 산업의 놀라운 발전 속도는 무엇보다도 복제 기술과 미디어 기술 같은 과학 기술의 뒷받침 없이는 생각할 수 없는 것이다.

오늘날 자본주의적 문화 산업은 전자 매체나 영상 매체 또는 광고 등을 이용하여 쉬지 않고 새로운 이미지를 만들어내거나 기존의 이미지를 상징적으로 조작함으로써 새로운 수요를 창출한다. 문화 산업은 소위 '살아 있는 광고탑'이라고도 불리는 대중문화의 스타들을 이용하여 상품화할 수 있는 이미지를 만들어내고 대중들은 그 이미지를 소비한다. 이에 따라 여자들뿐 아니라 남자들도 화장품이나 장신구를 사고, 남자들뿐 아니라 여자들도 근육을 만들며 스포츠 용품을 구매한다. 어린이들도 예외는 아니다. 어린이들은 초등학교 고학년만 되어도 텔레비전이나 인터넷을 통해 어른들의 세상을 배우며

6) 박정하, 「문화를 보는 철학」, 16-22쪽.

'샤기 컷'에 '바비 코스메틱'의 색조 화장품을 사용하는 등 자본주의적 소비의 한 주체로 등장한다. 대중 매체는 어리지만 조숙하며 자기 주장이 뚜렷한 10세를 막 지난 초등학교 4~6학년 어린이를 '프리틴(preteen)족'이라 정의하며 이들을 위한 프린틴 전문점이 백화점에 생겼다고 보도한다.[7] 약간의 비판까지 곁들여진 이러한 보도는 사람들로 하여금 은연중에 어린이들의 자본주의적 소비를 당연한 것으로 받아들이게끔 조장한다. 문화 산업과 대중 매체는 남녀노소 할 것 없이 모든 대중에게 '오늘 즐길 수 있는 것을 절대 내일로 미루지 말라'며 주술처럼 반복적인 메시지를 던진다.[8]

위와 같은 시각에서 바라보면, 자본주의 문화 산업의 틀 안에서 대중들은 상업적 이윤을 목적으로, 대량 소비하기 위해 대량 생산된 열등한 문화를 즐길 수밖에 없다. 대중들은 상업적 대중문화의 일정한 공식에 따른 대중지배에 놀아날 수밖에 없다. 여가 시간에 할리우드 액션 영화를 보며 즐기는 대중들은 미국인만이 아니다. 유럽인도 아프리카인도 리바이스 청바지를 입고 코카콜라와

---

7) 『세계일보』, 2006년 5월 4일.

8) 강준만, 『대중문화의 겉과 속 I』, 320쪽.

팝콘을 먹으면서 영화 「람보」를 관람하며 열광하기는 마찬가지다. 심지어 람보가 겨누는 총부리에 아시아인이 쓰러져가는 걸 보면서도 열광하긴 아시아인도 마찬가지다. 할리우드 영화는 세계 어디에서나 통하고 있다. 이유는 카메라 기법과 같이 영화를 만드는 형식이 대중들의 자아 매몰을 조직적이고 체계적으로 유도하고 있으며 이뿐 아니라 내용이 단순하고 오락적이기 때문이다. 할리우드는 영화의 장르에 따라 '희극적인 웃음', '에로틱한 성', '선정적인 폭력', '환상적인 꿈' 그리고 '감상적 눈물'을 적당히 섞어가며 중독성이 강한 자극적인 재미를 만들어낸다.[9] 다음과 같은 한 미국 작가의 경험담은 할리우드로 대표되는 미국 대중문화가 세계 시장을 석권하고 있음을 확실하게 말해주고 있다.

"지난 1991년에 나는 티베트에서 영화 「조스」를 봤으며 평양에서 빌리지 피플의 록 음악을 들었다. 에디 머피가 주연한 「커밍 투 아메리카」는 미국의 비디오 가게에 출하되기도 전에 히말라야의 은둔 부탄에서 그 해적판을 구경할 수 있었다. 걸프전 당시 후세인 이라크 대통령은 CNN-TV를 통해 전황을 추적했고 베트남인들이 미국의 여배우 메릴 스트립이 나

9) 박정하, 『문화를 보는 철학』, 22쪽.

오는 비디오를 보려고 강가의 카페에 몰려들었다."[10]

그러나 할리우드의 방식이 언제나 성공하는 것은 아니다. 오늘날의 대중문화 현상은 대중들의 문화 소비를 단순히 수동적이거나 오락적이라고만 보기에는 의심쩍은 부분이 많다. 우선 현재 대중들의 교육 수준은 부르주아 고급 문화를 문화 그 자체와 동일시하며 대중문화를 문화 부재로 죄악시하던 영국의 매튜 아놀드 시대와는 비교가 안 될 정도로 높아져 있다.[11] 이제 대중들의 문화 소비는 기계적인 수준을 넘어서서 상당한 정도의 적극성을 드러내고 있다. 전문가 수준에 육박하는 영화광, 팝의 광, 만화광 등과 같은 마니아들이 생겨나고 이들의 수는 점점 증가 추세에 있다. 이들은 이미 소비하도록 주어져 있는 기존의 문화 상품을 열정적으로 소비할 뿐 아니라 나아가서 자신들의 요구가 무엇인지도 적극적으로 표현하고 있다. 이에 따라 문화 산업은 대중들의 문화적 소비를 끊임없이 자극하기 위해서라도 대중들의 높아진 수준과 기호에 맞는 대중문화를 생산해내야 할 필요에 직면해 있다. 실제로 문화 산업은 미디어 기술의 놀라운 발전

10) 강준만, 『대중문화의 겉과 속 I』, 270쪽.

11) 이 책의 제3장 '대중문화는 타자의 문화인가 우리의 문화인가?' 참조.

과 문화 산업 규모의 비약적인 성장에 힘입어 질과 양에서 각양각색의 다양한 문화 상품들을 대중들에게 선보이고 있다. 문화 산업은 자기 진화를 거듭해가며 마니아들의 까다로운 요구를 만족시킬 수 있을 만큼의 완성도 높은 문화 상품을 만들어내기도 한다.

이 밖에도 대중들의 문화 소비가 오락 위주이거나 수동적이지만은 않음을 보여주는 증거들은 대중문화 공간에서 심심찮게 나타난다. 대중들이 문화 산업에서 만들어낸 생산물들을 소비할 뿐 아니라 선택하고 거부하기도 한다는 사실은 아마도 그 누구보다 상품의 소비 조작을 업으로 삼는 광고계가 잘 알고 있을 것이다. 엄청난 광고를 뿌려댔음에도 시장에서 실패의 쓴맛을 봐야 하는 문화 상품은 전체 상품의 80% 이상에 달한다. 이러한 현실은 문화 산업이 결코 녹록하지 않은 산업 분야임을 드러내주며 광고계가 얼마나 치열하게 대중과의 전쟁을 치러야 하는지를 단적으로 말해준다. 음반의 경우는 몇몇 스타의 경우를 제외하곤 제작비도 못 건지는 손해를 보는 일이 다반사이고 오히려 일상적이다. 대중들의 선택적 소비의 단적인 예는 엄청난 제작비와 그에 못지않은 광고비를 투입한 할리우드 블록버스터 영화조차도 흥행 실패에서 자유로울 수 없다는 데서 잘 나타난다. 그리고 때로는 별다른 광고나 소비 조작 없이도 작품의 완성도만을 가지고 관객과의 직거래를 성사시키는 비주류 영화도 있다.

대중들의 취향이 단순한 오락 문화에 한정되어 격조 높은 고급 문화와는 거리가 멀다는 견해 역시 오늘날 문화 현실에서 지탱하기 어렵기는 마찬가지다. 대중의 사랑을 받는 대중문화는 문화의 수용 층에 대한 개념일 뿐 문화의 질에 대한 언급은 아니다.[12] 대중문화도 얼마든지 창조적이고 격조 높은 내용으로 채워질 수 있으며 이것이 대중문화라는 개념과 모순일 이유는 전혀 없다. 예를 들어 성악가 루치아노 파바로티가 노래한 푸치니의 「아무도 잠들지 않으리라」라는 레코드는 1990년에 영국에서 대중들의 폭발적 성원에 힘입어 음반 판매 1위를 기록했다.[13] 이와 같은 클래식의 상업적 성공은 대중들의 취향이 결코 저질이지 않다는 사실을 확인해줄 뿐 아니라 고급 문화와 대중문화의 경계가 유동적임을 보여준다. 그리고 흥미로운 사실은 이 사건 이후 파바로티의 노

12) 박정하, 『문화를 보는 철학』, 24쪽.

13) 존 스토리, 『문화 연구와 문화 이론』, 20-21쪽.

래가 대중적인 것으로 간주되어 고급 문화를 즐기는 엘리트들에게 외면을 당하기도 했다는 것이다. 사실 요즘은 셰익스피어의 작품이 의심할 여지도 없이 전형적인 고급 문화에 속하지만, 셰익스피어가 살았던 당시만 하더라도 대중들이 즐겨 보던 연극이었다. 또 느와르 영화의 경우는 이와는 반대다. 범죄와 욕망이 가득한 밤의 세계, 도시의 밤거리를 방황하는 외로운 남자들 그리고 남자를 파탄으로 몰아넣는 치명적 매력을 지닌 요부가 등장하는 흑백 대조가 강한 미국의 1940~1950년대 영화는 처음에는 싸구려 대중 영화로 출발하였으나 프랑스 비평가들에게 필름 느와르(film noir)로 재발견되면서 지금은 당당히 예술 영화의 반열에 오르게 되었다.

이러한 예들은 대중과 대중문화의 관계에 대해 그동안 비판적이다 못해 비관적이기까지 한 아도르노(Theodor W. Adorno)와 호르크하이머(Max Horkheimer) 같은 이들의 부정적 대중문화론에 대해 재고해보아야 할 필요를 느끼게 한다.

독일 프랑크푸르트학파에 속하는 이들에 따르면, 자본주의 시대의 대중문화는 독점 자본에 의해 지배된다. 뿐만 아니라 대중문화의 조종자들은 독점의 힘이 강화될수록 이를 숨기려 하지도 않고 오히려 노골적으로 드러낸다. 이들의 독점력은 할리우드 영화를 예술의 일종인양 포장할 필요조차 없을 정도다. 게다가 이들은 아예 한 술 더 떠서 대중문화가 단순히 장사일 뿐이라는 사실을 공공연히 떠들면서, 이를 문화 산업이 매일같이 쏟아내는 허섭스레기들을 정당화하는 이데올로기로 사용하고 있다.[14] 이런 상황에서 대중문화의 역할이 얼마나 부정적인지, 대중이 얼마나 무력한 존재인지는 불을 보듯 뻔하다.

무엇보다 자본주의 아래에서 노동과 여가는 강제적 연관 관계에 있다.[15] 지루하고도 고된 노동에 지친 사람들은 여가 시간에 무언가를 해볼 힘조차 빼앗긴다. 심신이 지쳐 소파에 널브러진 상태로 문화 산업이 제공하는 수동적 쾌락에 몸을 맡긴다. 노동의 고됨과 일상의 무력함에서 일탈을 꿈꾸는 사람들에게 대중문화는 잠시 낙원을 약속하는 듯하지만, 낙원의 쾌락은 언제나 찰나에 그친다. 쾌락의 순간에서 다시 일상으로 내쳐진 사람들의 삶은 전보다 한층 더 고되고 무력할 뿐이다. 이러한 비관적 시각에서 아도르노나 호르크하이머가 문화 산업에 잠식

---

14) 테오도르 W. 아도르노 · 막스 호르크하이머, 『계몽의 변증법』, 184쪽.
15) 존 스토리, 『문화 연구와 문화 이론』, 154-155쪽.

당한 대중문화의 틀 안에서는 결코 이 악순환을 깰 수 없다고 판단하는 것은 어쩌면 너무도 당연하다.

그러나 이탈리아의 사회주의자 안토니오 그람시(Antonio Gramsci)는 이와는 다른 의견을 내놓았다. 그는 우리에게 '조작'과 '순응'이라는 도식 대신에 '저항'과 '합병'이라는 시각을 제공한다.

아도르노와 호르크하이머가 대중문화를 '문화 산업'이라는 개념을 통해서 지배와 순응으로 정의할 수 있었다면, 그람시에게는 '헤게모니(hegemony)'라는 개념이 있다. 우리는 흔히 이 개념을 '자본가가 헤게모니를 쥐고 있다' 내지는 '헤게모니를 누가 쥐느냐에 따라 상황은 급변한다' 같은 식으로 사용한다. 헤게모니는 원래 정치적 개념이었다. 왜 자본주의적 억압과 착취에도 불구하고 사회주의 혁명이 일어나지 않는가를 설명하기 위한 개념이었다.[16] 그러던 것을 차츰 대중문화 분석을 위한 주요한 개념적 도구로 사용하게 되었다.

헤게모니란 사회나 공동체 성원들 사이에서 합의를 이끌어낼 수 있는 지배 세력의 통치력을 뜻하는데, 이는 단순히 정치적 파워나 경제적 우위만을 가지고는 이야기할

---

16) 같은 책, 172쪽.

수 없다. 이를 넘어서서 지배 세력이 도덕적 지적 지도력을 발휘해야 대다수에게서 무력이나 강제 없이 자발적인 동의를 얻어낼 수 있다. 그러나 이러한 도덕적 지적 통치력은 그냥 주어지지 않는다. 지배 세력이 피지배 세력의 이익을 현재의 질서 속에 편입시킬 때만 성립할 수 있다. 이는 일정 정도의 양보를 의미한다. 그리고 이때의 양보란 지배 세력이 선선히 주는 것이라기보다는 피지배 세력이 악착같이 받아내는 것이다. 또다시 이는 한 사회에 헤게모니가 있다고 해서 이것이 곧 그 사회가 갈등과 충돌이 없음을 뜻하지 않는다. 오히려 헤게모니란 지배 세력이 자신의 방식으로 피지배 세력을 '합병'하고자 하는 욕구와 피지배 세력이 이에 맞서 자신의 몫을 지키고자 '저항'하는 충돌의 지점에서 생겨난다. 그 충돌의 긴장 속에서 서로 간에 '평형적인 타협점'을 찾아낸 결과다.[17]

헤게모니 개념은 대중문화 분석에 새롭고도 유용한 틀을 제공한다. 대중문화는 자본주의적 지배 이데올로기에 전적으로 흡수되는 영역도 아니고 그렇다고 이에 저항하는 세력이 주도하는 문화도 아니기 때문이다. 대중문화는 헤게모니를 획득하려는 자본주의적 문화 산업과 이러

17) 같은 책, 174쪽.

한 시도에 단순히 따라가지 않고 나름대로 대립 각을 세우는 대중들의 요구가 타협하는 장소다. 곧, 지배 세력과 피지배 세력이 교류하는 곳이며 그 교류가 타협으로 전달되는 곳이다.

예컨대 청년 언더그라운드 문화는 지배 문화나 기성세대의 문화에 저항하며 자신들만의 독특한 문화를 만들어내는, 젊음이 약동하는 장이다. 청년 언더그라운드 문화로 1960년대 '히피 문화', 1970년대에 '펑크 문화' 그리고 1980년대에서 지금까지 이어지는 '고스(Goths) 문화' 등을 예로 들 수 있다. 이들 문화는 출발 당시 철저한 아웃사이더였으나 차츰 음악과 영화, 패션 등을 통해 사람들에게 알려지면서 대중적인 관심을 불러일으켰다. 이들은 상업적 상품을 자신들의 의도대로 변형하여 제멋대로 사용하기도 하였다. 펑크족들이 호주머니 안감이나 옷핀을 사용하여 만들어낸 스타일은 그런 예 중의 하나다.[18] 그러나 그것보다 두드러지는 변형은 이들의 문화를 문화산업이 자신들의 이익을 위해 이용하는 데서 나타난다.

청년 언더그라운드 문화의 독창성과 저항의 메시지는 무척 매력적이어서 이들만의 것으로 남아 있기에는 상당

18) 같은 책, 175쪽.

히 아쉬운 것이었다. 문화 산업은 이를 가만히 두고 보지 않았다. 저항의 매력을 대중적 소비를 위해 시장화하였고 이를 통해 상업적 성공을 거두어냈다. 팝의 상업성에 반대하던 언더그라운드 헤비펑크 밴드 너바나(Nirvana)의 상업적 성공은 대표적인 예다. 너바나는 그들의 저항적 펑크록에 매료된 대중들에 의해 앨범 차트 1위에 오르는 등 엄청난 상업적 성공을 거두었다. 이 모순적 상황은 결국 밴드 리더인 커트 코베인이 자살함으로써 끝나고 밴드는 해체되었다.

너바나의 예는 어쩌면 상업적 대중문화에 저항하는 언더그라운드 문화까지도 자신들의 틀과 질서에 편입시켜 돈벌이하는 문화 산업의 악랄한 지배에 대한 이야기일 수도 있다. 하지만 이것만이 다는 아니다. 분명 너바나의 본질적 특색인 저항성이 바로 이 저항의 대상인 상업 문화의 개입을 통해 대중에게 널리 알려지고 사랑받게 된 것은 하나의 역설이다. 하지만 문화 산업이 너바나를 통해 돈벌이를 하는 동안, 너바나의 저항성은 대중들에게 널리 영향을 미치게 된다. 역설의 배후에 또 하나의 역설이 동시에 존재하고 있다. 너바나와 같은 예가 많이 나오면 나올수록 문화 산업은 한편으로 상업적 성공을 통해서 돈을 벌겠지만, 다른 한편으로 다가올 변화에 대한 준비를 해야 할 것이다. 왜냐하면 너바나는 문화 산업에게 '양날의 칼'이기 때문이다. 저항 정신에 고무된 대중들이 문화 산업의 헤게모니에 도전해 언젠가는 새로운 타협적 평형점을 요구할 것이기 때문이다.

참고 문헌

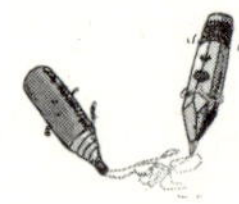

게리 스미스, 「스포츠 영웅의 사회학」, 『현대 사회와 대중문화』, 강현두 편, 나남출판 1998.

그래엄 터너, 『문화연구입문』, 한나래 1995.

더글라스 켈너, 『미디어 문화』, 새물결 1997.

대니얼 J. 부어스틴, 『이미지와 환상』, 정태철 옮김, 사계절출판사, 2004.

로버트 L. 애링턴, 『서양윤리학사』, 서광사 2003.

리처드 다이어, 「사회 현상으로서의 스타 : 스타의 생산과 소비」, 『현대 사회와 대중문화』, 강현두 편, 나남출판 1998.

마셜 맥루한, 「미디어의 이해 : 핫 미디어와 쿨 미디어」, 『현대 사회와 대중문화』, 강현두 편, 나남출판 1998.

__________, 『미디어의 이해』, 커뮤니케이션북스 1997.

막스 베버, 『직업으로서의 학문』, 문예출판사 1994.

수잔 손탁, 『해석에 반대한다』, 이후 2002.

애덤 로버츠, 『트랜스 비평가 프레드릭 제임슨』, 곽상순 옮김, 앨피

2007.
에드가 모랭, 『스타 : 스타를 통해 본 대중문화론』, 문예출판사, 1992.
장 보드리야르, 『소비의 사회』, 문예출판사 1991.
____________, 『시뮬라시옹』, 민음사 2001.
존 스토리, 『문화 연구와 문화 이론』, 현실문화연구 1994.
제임스 조지 프레이저, 『황금가지』 제1권, 을유문화사.
토마스 해리스, 「스타 만들기 : 그레이스 켈리와 마릴린 먼로」, 『현대사회와 대중문화』, 강현두 편, 나남출판 1998.
테오도르 W. 아도르노 · 막스 호르크하이머, 『계몽의 변증법』, 문학과지성사, 2001.
프레드릭 제임슨, 「포스트모던과 소비 사회」, 『현대 사회와 대중문화』, 강현두 편, 나남출판 1998.
강준만, 『대중문화의 겉과 속 I 』, 인물과사상사, 2002.
문현병, 「현대 문화와 문화 산업」, 『문화와 철학』, 한국철학사상연구회, 동녘 1999.
박영욱, 『철학으로 대중문화 읽기』, 이룸 2003.
박정하, 「문화를 보는 철학」, 『문화철학』, 한국철학사상연구회, 동녘 1999.
원승룡 · 김종헌, 『문화 이론과 문화 읽기』, 서광사 2001.
진중권, 『미학 오디세이』, 휴머니스트 2003.

『국민일보』, 2005년 3월 23일자 기사.
『국민일보』, 2006년 1월 15일자 기사.
허문영, 영화 칼럼 「남근과 율법의 세계, 승자는 누구인가」, 『씨네21』, 2006년 1월 25일.

최창호, 문화 칼럼 「이은주의 죽음과 베르테르의 슬픔」, 『데일리 서프라이즈』, 2005년 3월 9일.

www.poongmul.com/data/Gosung.hwp

Alexander Walker, *Stardom, the Hollywood Phenomenon, London* : Penguin 1974.

John Fiske, *Understanding Popular Culture*, London : Unwin Hyman 1989.

John Storey, *What ist cultural Studies?*, London : Arnold 1996.

John Storey, *Cultural studies and the study of popular culture : theories and methods*, Athens : University of Georgia Press 1996.

Simon Frith, *Sound effects: Youth, leisure and the politics of rock*, London : Constable 1983.

□ **권수현**

고려대 철학과를 졸업한 뒤 독일 마르부르크 필리프스대에서 철학으로 석사와 박사 학위를 받았으며, 지금은 성신여대와 고려대, 포천중문의대에서 윤리학과 철학 일반, 사고와 표현 등을 강의하고 있다. 주요 논문으로는 「문화적 지평에서 바라본 생물학적 성 담론」, 「원하는 것을 행하는가? 행하는 것을 원하는가?」, 「사회생물학적 윤리의 한계와 가능성」, 「도덕 규범의 보편성과 다원성의 문제」 등이 있다.

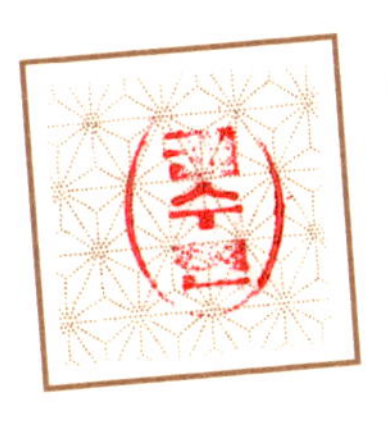

문화철학과 자율성

초판 1쇄 인쇄 / 2008년 4월 10일
초판 1쇄 발행 / 2008년 4월 15일

■

지은이 / 권수현
펴낸이 / 전춘호
펴낸곳 / 철학과현실사
서울특별시 서초구 양재동 338의 10호
전화 (02) 579－5908～9

■

등록일자 / 1987년 12월 15일(등록번호 : 제1－583호)

■

ISBN 978-89-7775-662-5 03130
잘못된 책은 바꾸어 드립니다.
값 9,000원